Am Morgen konnte der Matrose das Wasser noch mit dem Lappen wegwischen. Am Mittag schaufelte der kleine Koch es schon mit der Suppenkelle aus dem Boot. Am Abend mussten die Reisenden mit Eimern, Bratpfannen, Schachteln und Büchsen helfen.
Als sie bis zum Hals im Wasser saßen, rief Frau Knösel: „Land in Sicht!" Da dämmerte bereits der siebente Tag.

Nasse und trockene Geschichten

Ethik und Philosophie 3/4

Mitarbeit: Katja Eder

Auf der Sofakisseninsel

Geschichten und Bilder
von Franz Zauleck

Ernst Klett Schulbuchverlag Leipzig
Leipzig Stuttgart Düsseldorf

Der 7. Tag

Sieben Schiffbrüchige zogen mit letzter Kraft das kaputte Boot an den hellen Strand.
Der Matrose ging um das Boot herum, schlenkerte verdrossen mit den Armen und murmelte etwas Unverständliches. Dann legte er sich betrübt zu den anderen und war, wie sie, gleich eingeschlafen.

Nach zwei oder aber drei Stunden sprang ein winziges Wingel herbei. Es hüpfte zwischen den Schlafenden umher und wisperte: „Wing, wong! Tot sind sie nicht!“ Es schnupperte an der Mütze des Matrosen und zog am Schirm von Frau Knösel. Dann reckte es sich und stieß einen leisen Pfiff aus. Ein Quangel und ein Dongel hopsten heran. „Quing, ding! Alarmstufe eins!“, quiekten sie und machten ängstliche Luftsprünge.
„Urlauber sind es nicht“, wisperte das Wingel. „Keine Taucherbrillen, keine Handtücher. Die ziehen bald ab.“
Das Quangel beäugte das Boot und quakte: „Quing, quong! Sie ziehen nicht ab. Der Kahn ist kaputt.“
„Kahn kaputt“, druckste das Dongel. „Ding, dong! Alarmstufe zwei!“

Der kleine Koch öffnete ein Auge und sah, wie das Wingel sich anschickte, das Stöckchen von Herrn Kuckuck zu entwenden. Er hielt es fest und flüsterte: „Hier wird nicht geklaut!" Das Wingel quietschte erschrocken. Das Quangel und das Dongel quiekten: „Alarmstufe drei!" und hüpften davon.

„Loslassen!", winselte das Wingel.

„Wenn du mir sagst, wer du bist", zischte der kleine Koch, „lasse ich los."

„Du tust mir weh!", schrie das Wingel gellend.

„Name!", drohte der kleine Koch.

„Wingel!", kreischte das Wingel.

Der Matrose wurde wach.

„Ein Geschrei wie auf einem Fischkutter!"

„Es will nicht sagen, wer es ist!", schimpfte der kleine Koch.

„Lass es laufen!", sagte der Matrose und rollte die Seekarte aus.

Der kleine Koch ließ das Wingel los. Das sprang quiekend davon.
Der Matrose betrachtete den Kompass, sah zur Sonne und starrte lange auf die Karte. „Gottogott!", sagte er, „Südsüdwest! Wenn die Karte stimmt, ist es eine Insel."
„Die Karte stimmt", murrte der kleine Koch. „Es ist die Wingelinsel!"
„Wingelinsel?", fragte der Matrose. „Wie kommst du auf Wingelinsel?"
„Es war das Erste, das wir getroffen haben."
„Wir sollten", sagte Frau Knösel, die schon eine Weile wach war, „die Insulaner fragen, wie die Insel heißt."
„Wir müssen niemanden fragen", sagte der Matrose. „Die Seegesetze schreiben vor, dass mit dem Namen der Insel ihr Entdecker geehrt wird."
„Dann muss sie Frau-Knösel-Insel heißen", freute sich Frau Knösel.
„Ich bin der Kapitän", brummte der Matrose, „ich habe sie entdeckt."
„Ich", rief Frau Knösel, „habe gerufen: Land in Sicht!"
„Ohne Boot", knurrte der Matrose, „hätten Sie es nicht rufen können. Sie heißt: Kapitän-Insel."

Der kleine Koch lachte: „Großartig! Der Kapitän lässt den Kahn absaufen und obendrein bekommt die Insel seinen Namen.“
Anton Löffel sah sich um.
„Hat die Insel ein besonderes Merkmal?“
Der Matrose zog die Stirn in Falten und murmelte: „Ein Sofakissen ist es nicht.“
„Sofakisseninsel“, rief Herr Kuckuck.
„Wenn sie kein Sofakissen ist, müsste sie eigentlich Kein-Sofakissen-Insel heißen“, gab Holger Fischbach zu bedenken.
„Eigentlich ist eigentlich immer eigentlich“, sagte Dörte Pomsel.
„Ich bin für Sofakisseninsel“, brummte der kleine Koch, „im Kaiserschmarren ist schließlich auch kein Kaiser drin.“
„Das Kind hat einen Namen“, sprach der Matrose, malte ein Kreuz auf die Seekarte und schrieb daneben: „Sofakissen-I.“

Sofakissen-J.

Dann rollte er die Karte zusammen
und sagte mit wichtigem Gesicht:
„Als Spezialist für See- und Insel-
Fragen bitte ich um Aufmerksamkeit.
Erstens: eine Insel ist eine Insel. Zweitens: wer weg will, braucht ein Boot.
Und drittens: ein kaputtes Boot ist kein Boot."
Der kleine Koch kratzte sich. „Ich bin Spezialist für Essen und Trinken
und bitte um Gehör. Erstens: unser Proviant ist perdu. Zweitens: ohne Essen
können wir nicht leben. Drittens: das Gleiche gilt fürs Trinken."
Nach einer langen bedrückenden Pause sagte Anton:
„Ich bin kein Spezialist. Ich schlage vor, wir nehmen
die Insel in Augenschein. Dann sehen wir weiter."
„Und viertens", rief der Matrose, „der Kapitän
bleibt immer beim Boot."

Sechs Schiffbrüchige machten sich auf den Weg die Insel zu erkunden. Sie entdeckten Bäume, an denen duftende Schokokekse und schillernde Marzipaneier wuchsen. An den Sträuchern hingen zuckerbestreute Napfkuchen und glänzende Lakritzstangen. Auf den Wiesen blühten gelbe Zuckerrosen und zimtfarbene Mandelhörnchen.

Aus den Blüten tropfte dunkler Honig. In den Bächen gluckerte süße Milch. Frau Knösel vertilgte ein Marzipanei und jubelte: „Hier können wir es aushalten!“ Herr Kuckuck war derselben Meinung und stopfte Schokokekse in sich hinein. In der Ferne tauchten ab und an das Wingel, das Dongel und das Quangel auf. „Sie beobachten uns“, sagte Anton.
„Es ist ein bisschen unheimlich.“
„Noch unheimlicher ist“, bemerkte der kleine Koch, „dass sie unsere Sprache sprechen.“

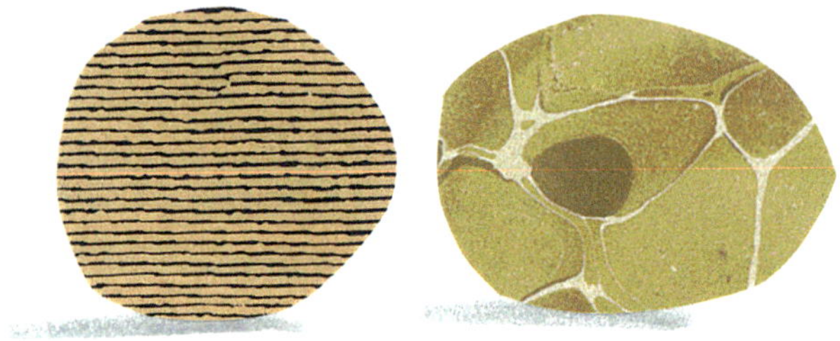

Nach zwei Stunden war die Insel umrundet. Der Matrose starrte noch immer traurig auf das Loch im Boot und fragte: „Habt ihr was gefunden?“ „Hier gibt’s nur süße Sachen“, berichtete der kleine Koch, „von Knoblauch keine Spur.“ „Knoblauch“, seufzte der Matrose. „Wir brauchen Bretter, Nägel und Draht.“
„Soll ich eine Nagelbrettsuppe kochen?“, lachte der kleine Koch.
„Genau“, knurrte der Matrose, „und den Drahtsalat mache ich!“

Holger legte sieben Steine in eine Reihe. „Merkt ihr das auch?", fragte er. „Die Insel schaukelt", antwortete Dörte.
„Wir müssen etwas übersehen haben", sagte Holger und erhob sich. „Die Insel hat ein Geheimnis. Ich werde es herausbekommen."
Der Matrose gab Holger das Fernglas: „Gegen Übersehen hilft Fernsehen!" Holger lachte geheimnisvoll und verschwand.
Die Insel rumpelte und bebte. Dann war es still.
„Es war ein glückliches Leben", sagte Herr Kuckuck.
„Wieso war?", fragte Frau Knösel.
Herr Kuckuck seufzte: „Wer weiß, ob es morgen noch so sein wird?"
Die Insel schwankte ein wenig.

Der 8. Tag

Anton schickte einen langen Blick zur Sonne und sagte: „Holger ist einen Tag weg."
„Er wird nicht verhungern", sagte Herr Kuckuck und mampfte eine Schokobohne. Der Matrose stakste im Wasser herum, fischte eine Flasche heraus, schüttelte sie und rief: „Post für uns!"

„Ist es eine Botschaft von Holger?", fragte Dörte. Der Matrose beäugte die Flasche, wischte Algen ab und murmelte: „Vielleicht schreibt uns ein Christoph Kolumbus einen Brief."
„Ich hoffe, es ist eine Bauanleitung für ein Floß!", sagte Anton und zog den Korken aus der Flasche. Heraus fielen zwei Zettel und ein Knopf. Anton faltete den ersten Zettel auseinander und las: „Elf katzen tüte bär und Monika!"
„Katzen, Tüte und Bär werden großgeschrieben und außerdem fehlt ein Komma", sagte Dörte.
„Es ist ein Geheimbrief", erklärte der Matrose, „da wird auf Groß- und Kleinschreibung wenig Wert gelegt und schon gar nicht auf ein Komma!"
„Dongel, dongel, Rätselstunde!", wisperte das Dongel, das neugierig herbeigesprungen war. Es machte einen Salto und fügte hinzu: „Sachen verknüpfen, Worte verknoten! Am Anfang dumm, ist später verboten."

„Dumm ist immer verboten!", schimpfte der kleine Koch. Das Dongel stand auf einem Bein und schwieg. „Es meint", sagte Herr Kuckuck, „dass man diesen Krempel lesen kann."

„Wenn man es kann, ding dong", sagte das Dongel und hüpfte davon.

„Wir sollten diese Zwerge ignorieren", sagte der kleine Koch
und zeigte auf den zweiten Zettel. „Mir scheint,
die Ente bekommt eine große Bedeutung."
„Was für eine Ente?", fragte der Matrose.
Der kleine Koch zeigte auf das Bild.
„Unsinn!", rief Herr Kuckuck, „das ist ein Hase!"
„Sowohl Ente als auch Hase!", sagte Frau Knösel.
„Eine klare Botschaft!"
„Aha!", sagte der Matrose. „Sie können die Botschaft lesen?"
Frau Knösel machte ein feierliches Gesicht: „Selbstverständlich!
Wenn die Enten Hasen sind und die Hasen Enten,
wird es Knopf auf Bär mit Monika elf Katzen tüten."
„Genau", lachte Herr Kuckuck und wiederholte:
„Es wird Knopf auf Bär elf Katzen tüten!"
„Und was bedeutet dieser Blödsinn?", knurrte der Matrose.
„Es bedeutet, was es bedeutet!", sagte Frau Knösel stolz.
Der Matrose starrte Frau Knösel an. „Und? Die Botschaft?"
Frau Knösel klappte ihren Schirm auf und zu.
„Wenn Sie mich so ansehen, fällt mir nichts ein!"
Der Matrose lief zornig im Kreis herum.
„Das ist eine Geschichte", rief der kleine Koch,
„die Geschichte von der festkochenden Monika."

Die festkochende Monika

Jeden Abend besuchte Tüte der Bär sein Beet und rief: „Am Ende dieses Sommers kommt ein großer Herbst! Ich werde saftigen Tomatensalat futtern und würzige Bohnensuppe schlürfen." Tütes Katzen schnurrten: „Und wir dürfen Wirsing knuspern."

„Und", sagte Tüte der Bär, „die festkochende Monika wird die Zierde meines Tisches sein. Dem Gärtner zur Freude."

„Ein großer Herbst", tockelten die Tomaten, „dem Gärtner zum Wohle!"

„Dem Gärtner zum Dank!", bichelten die Bohnen. „Den Kätzchen zur Freude!", wibbelte der Wirsing. Nur die Kartoffel Monika schwieg beständig.

Eines Abends fragte Tüte der Bär streng:
„He Monika, du schläfst wohl?"
„Ich bin wach", böbelte Monika, die Festkochende.
„Willst du nicht den Gärtner preisen, wie es die andern tun?"
„Ich bin dick, saftig und kochfest", uffelte Monika. „Ich finde, du solltest mich preisen!"
„Wer auf meinen Tisch will, darf nicht pampig sein, Schweinekartoffel!", knurrte Tüte der Bär und verschwand.
„Schweinekartoffel!", miauten die Katzen und verschwanden ebenfalls.
„Schweinekartoffel! Schweinekartoffel!", gickelten Tomaten, Wirsing und Bohnen. Monika knuffelte wütend: „Selber Schweine!"
„Wenn die Festkochenden wütend sind, werden sie süß", gakelte die Ente.

„Süße Kartoffeln fressen nicht mal die Schweine!", mümmelte der Hase. „Ruhe!", zischte der Elf. „Die Nacht gehört den Elfen!" „Monika will den Gärtner nicht preisen!", wisperte der Wirsing. „Schweinekartoffel kommt in den Schweinetrog!", tickelten die Tomaten und Bohnen.

Und so kam es dann auch. Es wurde Herbst und Monika flog in den Schweinetrog. Tüte der Bär futterte saftigen Tomatensalat und schlürfte würzige Bohnensuppe. Bei jedem Bissen seufzte er: „Monika! Ach Monika!"

Seine Katzen aber knusperten Wirsing und waren froh.

„Der Elf hätte Monika helfen müssen!“, rief Frau Knösel.
„Der Elf hatte eigene Probleme“, sagte der kleine Koch.
„Er war in eine Köchin verliebt, die hieß zufällig auch
Monika. Aber darüber lohnt nicht zu reden.“
„Sie haben den Knopf vergessen“, sagte Herr Kuckuck.
Er kniff die Augen zu und raunte:
„Das ist die Geschichte vom Knopf.
Hier sind die Enten Hasen
und die Hasen Enten!“

Die Eins und die Null

Am Montag trafen
Monikas elf Katzen zehn Hasen.
Die zehn Hasen brachten neun Enten
in acht Tüten.
Am Dienstag
riefen Monikas elf Katzen:
„Das ist lustig: elf Katzen, zehn Hasen,
neun Enten und acht Tüten. Jetzt fehlen nur
Sieben, Sechs, Fünf, Vier, Drei, Zwei und Eins.
Dann wären wir eine stolze Reihe.“
Am Mittwoch kam der Bär und knurrte: „Ich bin die Eins.“
Monikas elf Katzen riefen: „Bär, zieh ab. Die Eins kommt später.“
„Gut, später“, sagte der Bär und ging.
Am Donnerstag setzten sich Monikas elf Katzen
und die zehn Hasen mit den neun Enten
in den acht Tüten auf sieben Stühle,
fraßen sechs Brote
und soffen fünf Eimer Milch.

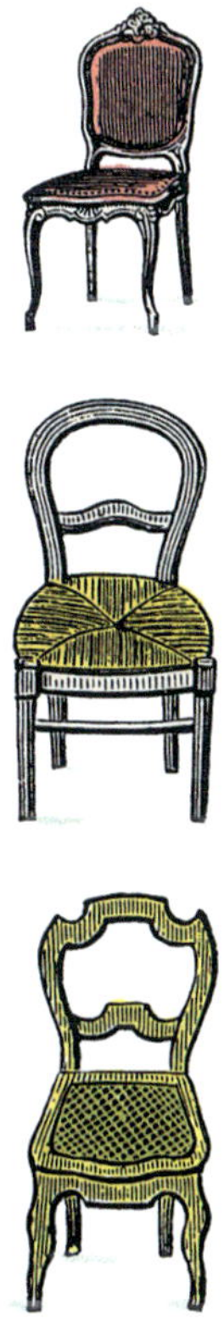

Monikas elf Katzen sagten: „Elf Katzen, zehn Hasen, neun Enten, acht Tüten, sieben Stühle, sechs Brote und fünf Eimer! Eine schöne Reihe."

Am Freitag kam der Bär. „So, da bin ich wieder. Ich bin die Eins!"

Monikas elf Katzen riefen: „Zu früh! Es fehlen noch Vier, Drei und Zwei."

Der Bär verzog sich murrend.

Am Sonnabend schleppten vier Polizisten drei Koffer und zwei Taschen herbei. Monikas elf Katzen lachten: „Vier, drei, zwei. Wenn jetzt der Bär käme, wären wir eine stolze Reihe!" Der Bär kam nicht. Die vier Polizisten kicherten: „In der Zwei ist die Eins!" Sie öffneten die zweite Tasche und zogen den roten Knopf heraus.

Am Sonntag polterte der Bär: „Hier kommt die Eins."

„Irrtum!", gickerte der Knopf. „Die Eins bin ich! Du bist die Null!"

Der Bär wurde rot und grün vor Zorn. „Ich bin die Eins!" Er fraß Monikas elf Katzen, die zehn Hasen, die neun Enten, die acht Tüten, die sieben Stühle, die sechs Brote, die fünf Eimer, die vier Polizisten, die drei Koffer und die zwei Taschen dazu. Den roten Knopf schaffte er nicht mehr.

Der Bär verdrehte die Augen: „Mein Bauch tut weh."

Der Knopf sprach: „Einer kann nur die Nummer Eins sein." Am Montag war der Bär tot. Das war dem Knopf auch nicht recht. Es gibt nichts Trostloseres als eine Eins allein.

Der Matrose fuchtelte wütend mit dem Ruder herum.
„Kartoffel und Knopf! Das Boot ist kaputt!“
Frau Knösel holte tief Luft und hob den Finger bedeutungsvoll.
„Haben sie endlich die Botschaft?“, fragte der Matrose.
„Noch nicht“, antwortete Frau Knösel. „Dafür aber eine besonders schöne Geschichte. Es gibt wieder elf Katzen. Den Hasen brauchen wir nicht. Eine Ente genügt.“

Das Elfte

Eine Katzenmutter hatte elf Katzenkinder. Als sie groß waren, miaute sie: „Ich habe keine Milch mehr und kriege bald die nächsten Kinder. Zieht in die weite Welt! Sucht morgen euer Glück woanders!“ Am Morgen riefen die elf Kätzchen: „Wir ziehen in die weite Welt und suchen dort das Glück!“ Die Mama küsste zehn Kätzchen, aber das elfte hielt sie fest. „Du bleibst bei mir.“ „Ich will auch in die weite Welt“, jammerte das Elfte. „Du bist noch zu klein. Du kannst nicht einmal einen Knopf annähen“, sagte die Mama. „Willst du, dass der Bär dich frisst?“ Sie gab dem Elften einen Strick. „Fang die Ente! Ich will Suppe kochen.“

Das Elfte zeigte der Ente den Strick. „Meine Mama will Suppe kochen. Du sollst die Brühe sein."
Die Ente quakte: „Kommt nicht in die Tüte! Meine Mama hat mir verboten bei irgendwem die Brühe zu sein. Zehn Geschwister sind schon Suppe. Das reicht."
Das Elfte überlegte lange und sagte dann: „Ich bin das Elfte, kann keinen Knopf annähen und darf nicht in die Welt. Du bist das Elfte und darfst nicht in die Suppe. Kannst du auch keinen Knopf annähen?"
„Die Welt ist kein Knopf!", sagte die Ente und flatterte davon.
Der Bär hatte zugehört. „Ein Knopf ist keine Suppe", brummte er und packte das Elfte. Gerade wollte er zuschnappen, da legte es ihm den Strick um die Schnauze.
Darauf ist der klügste Bär nicht gefasst.

Als das Elfte mit dem Bären nach Hause kam, rief die Mama:
„Entenbrühe ist kein Bärengulasch. Dem Himmel sei Dank!
Um mein Elftes muss ich mir keine Sorgen machen."
Und so durfte auch das Elfte in die Welt ziehen. Dort traf es den Schneider und lernte bei ihm das Knöpfeannähen.

„Das ist die Geschichte?", fragte Herr Kuckuck.
„Das ist die Geschichte!", antwortete Frau Knösel.
„Sie haben Monika vergessen", rief Herr Kuckuck.
„Monika bin ich!", sagte Frau Knösel.
Herr Kuckuck machte ein verdattertes Gesicht.
„Ich heiße Monika! Frau Monika Knösel.
Wie heißen Sie denn?"
Herr Kuckuck war überrascht. „Was für eine Frage!
Ich heiße Herr Kuckuck. Das weiß jedes Kind!"

Dörte besah die Zettel genauer. „Monika, Monika! Ihr erzählt nur Geschichten von Bären, Enten, Hasen, Katzen. Das kleine Und bemerkt niemand. Hier ist die Geschichte vom Und und der unglücklichen Tute!"
„Du meinst Tüte!", verbesserte Anton.
„Wenn ich Tute sage, meine ich Tute", sagte Dörte.

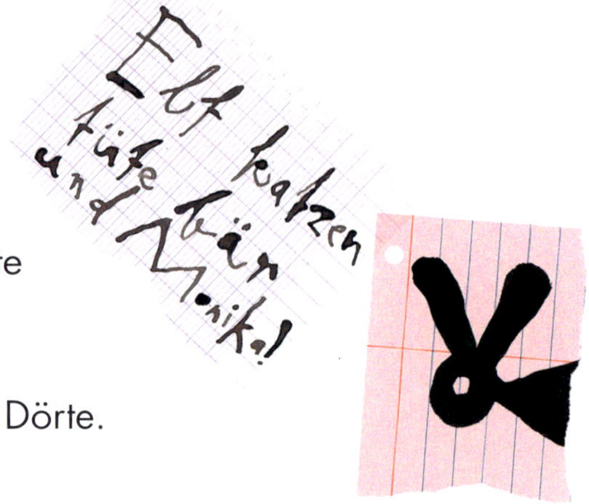

Das Undine

In einem armseligen Haus lebten elf Leute: Drei Katzen, drei Hasen, zwei Enten, ein Bär, eine unglückliche Tute und ein ganz kleines Und. Das Und hieß Monika. Aber das interessierte niemanden, da sich überhaupt niemand für das Und interessierte.
Die Katzen kreischten in der Nacht und trieben es toll. Die Hasen qualmten dicke Zigarren und verpesteten die Luft. Die Enten schleppten Dreck ins Haus und schnatterten unaufhörlich. Der Bär soff Bier und sang laut und falsch. Die unglückliche Tute jammerte durchdringend und lästig.
Nur das kleine Und verhielt sich still und sauber und spielte mit dem Knopf. Der Knopf war auf der Durchreise. Das Und seufzte und dachte: „Ach, hätte ich vorn ein H! Dann könnte ich bellen. Oder wenn ich vorn ein M hätte, könnte ich etwas sagen! Aber da ich beides nicht habe, muss ich Lärm und Gestank ertragen. Das Beste wäre, wenn ich hinten ein Ine hätte. Dann wäre ich eine Seejungfrau und könnte betörend singen."

Und
29

Der Knopf konnte Gedanken lesen. Er sagte: „Wo ist das Problem? Überall wimmelt es von Ine. Ich frage die Tischbeine."
„Pah!", machten die Tischbeine. „Wir geben unser Ine nicht her. Nie und nimmer!" Auch die Gardine war nicht bereit ihr Ine abzugeben. Nicht einmal leihweise. „Dass es so schwer werden würde", stöhnte der Knopf, „ein lächerliches Ine zu finden! Das hätte ich nicht gedacht!"

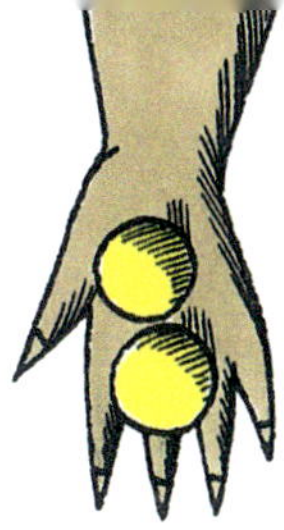

Die Bine hörte das und summselte: „Mein Ine kannst du haben!“
„Undine schreibt man mit kurzem i“, sagte der Knopf,
„dein Iene nützt uns nichts.“
„Irrtum!“, summte die Bine. „Ich bin die Biene mit dem Schreibfehler.
Bei mir hat jemand das e hinterm i vergessen. Ich wäre froh, wenn ich
mein Ine loswerden könnte. Lieber bin ich ein geheimnisvolles B als eine
lächerliche Bine.“ Die Bine gab das Ine und flog als B geheimnisvoll
zum Fenster hinaus.

Das Und war nun Undine. Ihm wuchs ein fabelhafter Fischschwanz
und es begann sogleich betörend zu singen. Augenblicklich verstummten
Katzen, Hasen, Enten und der Bär. Sie reinigten das Haus und brachten
die Bierflaschen zum Glascontainer. Nur die Tute, die eine verwunschene
Tüte war, jammerte immer noch durchdringend. Der Bär hatte ein gutes
Herz und gab seine beiden Pünktchen. Ein Bär, der Bier trinkt, kann gut
und gerne auch Bar heißen.

Der Matrose sah Frau Knösel scharf an. „Vier blöde Märchen! Aber nicht eine Botschaft!“ „Blöd sind sie nicht“, sagte Frau Knösel beleidigt.
Das Dongel, das Quangel und das Wingel riefen:
„Wenn die Hasen Enten tüten und die Katzen Bären werden, wird Monikas Knopf elf.“
Der Matrose wurde rot wie eine Tomate.
„Heiliger Haifisch! Jetzt fangen die auch noch an.“

Frau Knösel zählte gründlich ihre Knöpfe und rief: „Ich hab's! Monika bin ich und der elfte Knopf fehlt. Dass die Hasen Enten in der Tüte hatten und die Katze einen Bären fing, ist Nebensache. Ganz klar!“
„Und wo ist der elfte Knopf?“, fragte der Matrose.
„Ich habe ihn bei der Abfahrt im Zwölfminutenwald verloren. Das weiß ich genau.“ Frau Knösel machte eine bedeutungsvolle Pause und sagte dann sehr stolz: „Demnach lautet die Botschaft: Wir müssen zurück.“
Der Matrose holte tief Luft und fragte sehr leise: „Und wie?“
„Das müssen Sie sagen“, antwortete Frau Knösel, „der Matrose sind Sie!“

In diesem Moment kam eine riesige Welle herangerollt. Sie überspülte donnernd den Strand und riss Zettel, Knopf und Teile des Bootes mit sich. Der Matrose trat wütend gegen die Flasche und brüllte: „An die Arbeit, Märchenerzähler! Wir müssen den Kahn klar bekommen. Alle Maschinen volle Kraft voraus!" Dörte zog die Nase kraus und sagte: „Matrose, wenn du den Chef spielen willst, gehe ich."

„Wo willst du hingehen?", fragte der Matrose. „Das ist eine Insel."

Anton warf Steinchen ins Wasser und sagte: „Einer muss der Chef sein!"

„Ach, so ist das", sagte der kleine Koch, „wer das Maul am weitesten aufreißt, ist Chef." Er sperrte den Mund auf und brüllte. „Was hat er?", wisperte das Wingel. „Das ist der Inselkoller", erklärte das Dongel. „Der geht, wie er kommt."

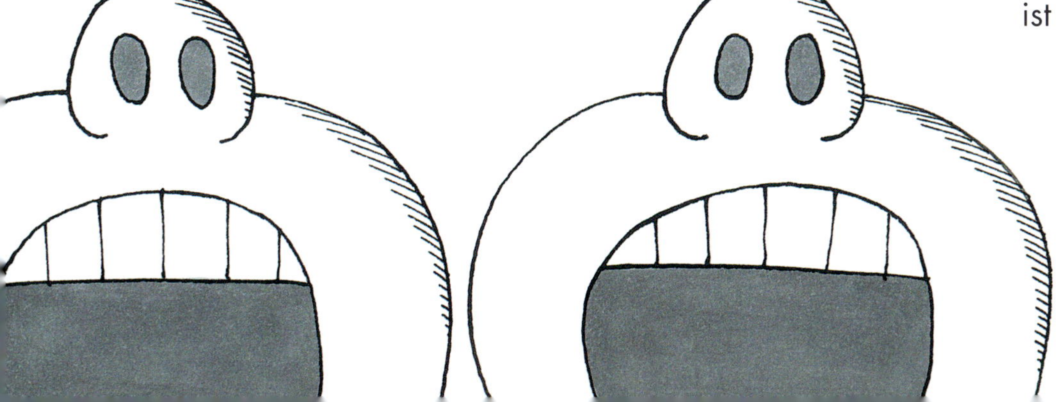

Der 9. Tag

Am Morgen griffen das Dongel, das Quangel und das Wingel die Flasche und warfen sie ins Meer. „Was aus dem Meer gekommen, muss wieder darin schwommen!", reimten sie und sprangen kichernd davon. „Die machen sich über uns mit schlechten Reimen lustig!", rief der kleine Koch. Der Matrose wollte sagen: „Besser lustig als traurig." Aber als er den Mund öffnete, begann der Boden fürchterlich zu beben. Die Insel zitterte wie ein Pudding. Die Schiffbrüchigen hatten das Gefühl, als könnte sich jeden Augenblick ein Loch auftun und sie in eine unbekannte Tiefe reißen. Das Beben dauerte zehn Sekunden. Es kam ihnen vor wie die Ewigkeit. Am Ende stand der Matrose noch immer mit offenem Mund da und sagte schließlich: „Besser lustig als traurig." „Unheilvolle Zeichen", flüsterte Dörte. „Boot kaputt, Holger fort und der Matrose spricht in Rätseln. Die seltsamen Viecher haben so merkwürdig gekichert."

„Diese Viecher sind Seetulpen. Lateinisch: balanus lister“, sagte Herr Kuckuck und wirkte erleichtert. „Dongel, Quangel und Wingel. Krebstiere aus der Ordnung Rankenfüßler. Man nennt sie auch Seeglocken.“
„Oder Seetrichter“, sagte der Matrose und klopfte am Boot herum. „Kleben am Schiffsboden und machen einem das Leben schwer. Die meisten sind stumm. Aber unsere quasseln und springen.“
„Ich dachte, sie heißen Seepocken“, sagte Dörte. „Vorsicht!“, warnte Herr Kuckuck. „Wenn man sie so nennt, werden sie eklig. Ganz fies! In der Regel sind sie scheu und machen ein Geheimnis aus sich. Es gibt mindestens tausend Arten.“

„Das wissen Sie alles?“, fragte Frau Knösel.
„Meine Eltern hatten ein Buch“, sagte Herr Kuckuck. „Die Universalgeschichte der Seetulpen. Es war nicht umsonst.“
„Auch wir hatten ein Buch“, sagte Frau Knösel. „Moosröschen in Zeit und Raum. Ich bin gespannt, wann mein Wissen gebraucht wird.“

„Und was bedeuten die albernen Namen?“, fragte der kleine Koch.
„Wenn man es weiß, ist es einfach“, sagte Herr Kuckuck und sah sehr wichtig aus. „Die Kinder fangen in der Regel mit W an, die Eltern mit D und die Großeltern mit Q. Die folgenden Buchstaben verweisen auf die Familie. So sind zum Beispiel Wongel, Dongel und Quongel aus einer Familie. Und Woschel, Doschel und Quoschel aus einer anderen.“ Frau Knösel dachte nach: „Bei den Moosröschen ist es anders. Die alten heißen Moosrosen und die jungen Moosröslein.“ Dörte erhob sich und sagte ernst: „Moosrosen und Seetulpen! Danke für die Blumen! Ich gehe Holger suchen.“ Anton rief: „Eine Expedition! Ich bin dabei.“

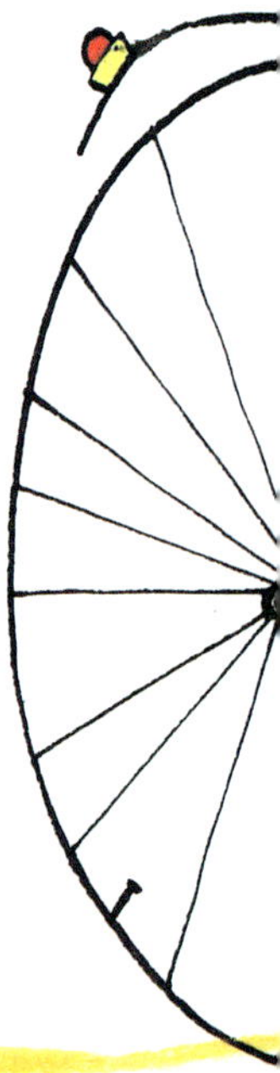

Herr Kuckuck sagte: „Blumen sind es nicht! Aber ich komme mit. Sie werden einen Seetulpenspezialisten in Ihrer Expedition brauchen!“
„Selbstverständlich sind es Blumen“, rief Frau Knösel und stiefelte den dreien hinterher. Der kleine Koch fragte den Matrosen: „Chef, brauchst du Hilfe?“ „Rosen und Tulpen!“, schimpfte der Matrose. „Ich komme allein klar.“
Der kleine Suchtrupp war nicht lange unterwegs, da sahen sie in einer Bucht neben einem Fahrrad einen Mann sitzen. Er starrte auf das Wasser und weinte. „Guten Tag“, grüßte Dörte vorsichtig. „Ist Ihnen nicht gut?“

Der Mann schneuzte in ein großes Taschentuch und seufzte mit Blick auf das Meer: „Alles hinüber!"
„Was ist hinüber?", fragte der kleine Koch und suchte angestrengt den Horizont ab.

„Ich wurde ausgeraubt." Der Mann zeigte auf fünf leere Schachteln. Das Fahrrad meldete sich klingelnd zu Wort: „In Wahrheit war es ein kleines Nickerchen. Wie jeder weiß, sind Möwen gefräßig. Ich habe geklingelt wie am Spieß! Er wurde einfach nicht wach."
„Wenn dieses Fahrrad bloß die Klappe halten würde!", jammerte der Mann. „Diese Blamage! Es waren Einschreibepäckchen. Ich sollte im nächsten April Oberpostrat werden."
Die Tränen schossen ihm erneut aus den Augen.

„Sie sind Briefträger", stellte Dörte fest.
„Und Postrat!", sagte der Mann und wischte sich die Wangen trocken.
„Wo ist Ihr Boot?", fragte Anton. „Er war mit dem Fahrrad unterwegs!", rief das Fahrrad und fügte stolz hinzu: „Bei richtiger Geschwindigkeit kann ein Fahrrad nicht untergehen." Der Briefträger schluchzte.
Frau Knösel sah sich prüfend um. „Wir sind fünf Leute und hier sind fünf Schachteln. Wenn jeder etwas gibt, sind die Päckchen nicht mehr leer." Sie lüftete ihren Hut, zückte eine Rolle Klebeband und zwinkerte dem Briefträger zu: „Wer macht den Anfang?" Anton stülpte das Taschenfutter seiner Hosen nach außen. „Ich habe auch nichts", murmelte der kleine Koch und sah in seine Kochmütze. Herr Kuckuck untersuchte seine Brieftasche, dann seufzte er: „Nichts."
„Ich fange an!", sagte Frau Knösel, zog einen Kamm aus ihrem Haar und warf ihn ins erste Paket.

Es ertönte ein ungewöhnliches Geräusch. Erst klang es, als ob jemand einen Stein in einen Brunnen geworfen hätte. Dann war ein fernes Echo vernehmbar: „Rot wie Blut und weiß wie Schnee!"

Lilith und der Spiegel

Lilith fand einen goldenen Kamm. Sie lief nach Hause und suchte im Märchenbuch die Geschichte von Schneewittchen. Lilith hatte es geahnt: das war der vergiftete Kamm der bösen Königin. Sie wusch den Kamm gründlich und steckte ihn behutsam ins Haar. Dann trat sie vor den Spiegel und flüsterte: „Spieglein, Spieglein!"

Der Spiegel räusperte sich, denn er hatte lange geschwiegen.

„Hol's der Teufel! Du bist die Schönste. Ohne Zweifel."

„Und was springt dabei heraus?", fragte Lilith.

„Sei vergnügt", sagte der Spiegel, „das genügt!"

„Mir genügt es nicht", schnaubte Lilith. „Ich will Geschenke, Abenteuer und einen schönen Prinzen."

„Ach, das meinst du", stöhnte der Spiegel, „die Tür geht auf und wieder zu!"

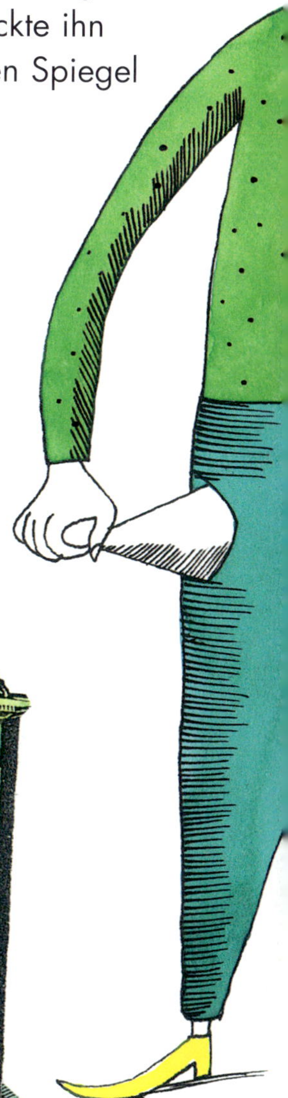

Und wirklich: die Tür sprang auf und herein kroch eine Unke. Sie trug auf ihrem Rücken einen Goldbarren. Die Unke blies die Backen auf und sagte: „Guten Quak! Von der Schönsten ein Küsschen, wie ich es mag!"

Lilith trat nach der Kröte und schrie: „Küssen? Nie!"

Die Unke lief schwarz an und zerplatzte krachend. Zurück blieb ein nasser Fleck. „Spiegel", rief Lilith zornig, „keine Unkenküsse!"

„Niemand muss müssen", lächelte der Spiegel, „und schon gar nicht Unken küssen."

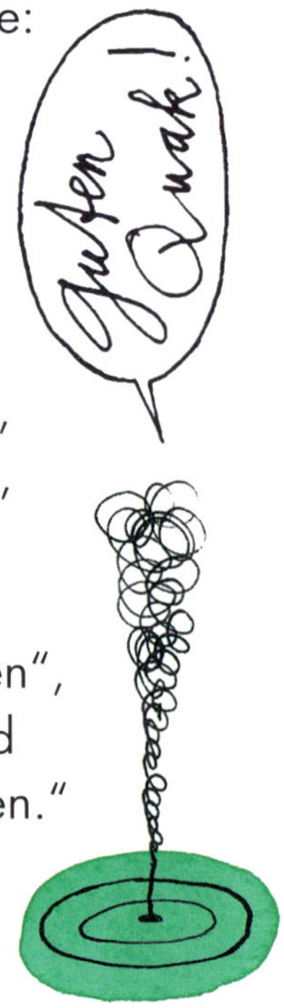

Ins Zimmer stiefelten sieben Zwerge. Sie schleppten einen gläsernen Sarg herbei und sangen im Chor: „Etwas Besseres als den Tod findest du überall." Den Sarg stellten sie mitten ins Zimmer. Dann spannten die Zwerge sieben Regenschirme auf und hüpften, einer nach dem anderen, aus dem Fenster.

Lilith sah missmutig in den Sarg. „Soll ich tot sein?“ Sie trat wütend dagegen. Der Sarg zersplitterte in tausend Teile und flog als grüngelbe Wolke zum Fenster hinaus. Lilith rief dem Spiegel zu: „Spiegel, nichts mit Tod und Sterben!“ Der Spiegel flüsterte: „Der Sarg ist in Scherben.“
Ins Zimmer trat ein wunderschöner junger Mann.
„Guten Abend“, flüsterte er schüchtern,
„ich bin Prinz Wuppdich und suche eine Braut.“
Lilith antwortete verliebt: „Ich bin die Braut!“
Der Spiegel reimte: „Braut Sauerkraut.“
Der Prinz warf einen prüfenden Blick auf Lilith und sagte verächtlich: „Braut Sauerkraut!“ Er machte auf dem Absatz kehrt und verließ das Zimmer. Lilith ging zum Spiegel und schrie: „Widerlicher Reimer. Was mischst du dich in meine Angelegenheiten?“ Der Spiegel schwieg lange. Dann sprach er: „Der Bräutigam gefiel mir nicht. Löcher in den Strümpfen. Und Pickel im Gesicht.“ Lilith zog den Kamm aus den Haaren und warf ihn mitten in den Spiegel. Der Spiegel stöhnte: „Aua! Der Vogel sitzt im Bauer.“ Er zersprang mit einem langen Seufzen. Lilith hat tagelang nach dem Kamm gesucht. Sie hat ihn nie gefunden.

Der Briefträger klebte das Paket zu. „Der Kamm ist drin." Dann sah er Anton an und fragte: „Das zweite, wer hilft?" Anton griff dem Briefträger in den Kragen. „Ich habe Sie soeben von einem Floh befreit", rief er und warf den Floh in das zweite Paket. Der Briefträger kratzte sich. Aus dem Paket kamen gurgelnde Laute. „Fahne aufs Schloss und ein Geheimnis!"

Herr Kürbis und der Floh

Auf einmal hatte Herr Kürbis einen Floh. Der Floh biss ihn Nacht für Nacht. Flohpulver, Flohfallen und Flohöl halfen nicht. Der Floh schüttelte sich und trank weiter das Blut von Herrn Kürbis. In der dreizehnten Nacht rief Herr Kürbis verzweifelt: „Floh! Ich gebe dir, was du willst." Darauf hatte der Floh gewartet. Er rief: „Erstens: ein Schloss. Zweitens: auf dem Schlossturm eine Fahne. Und drittens will ich ein Geheimnis! Dann gehe ich!" Herr Kürbis kratzte sich und sagte: „Abgemacht!"

Er beklebte eine Schachtel mit buntem Papier. Das war das Schloss. Er nahm einen Schnipsel und gab ihm einen Stiel. Das war die Fahne. Er steckte die Fahne auf die Schlossturmspitze und sagte fröhlich: „Hereinspaziert!" Der Floh betrat sein Schloss. „Gefällt mir", sagte er anerkennend, „auch die Fahne. Passabel! Nun bitte das Dritte."

„Das Dritte?", fragte Herr Kürbis. „Flüstere es mir ins Ohr!", rief der Floh. Herr Kürbis ließ sich viel Zeit. Dann flüsterte er etwas in den Schornstein. „Das ist kein Geheimnis!", zeterte der Floh. „Dass du einen Floh hast, wusste ich eher als du. Los, ein Geheimnis!"

„Ich habe es niemandem gesagt, also ist es ein Geheimnis!", erklärte Herr Kürbis. „Gesagt, gesagt! Ich wusste es", spektakelte der Floh. „Ein richtiges Geheimnis, bitte!"

Herr Kürbis überlegte lange. Dann wisperte er etwas ins Fenster. „Willst du mich für blöd verkaufen?", brüllte der Floh. „Dass du einen Revolver unterm Kissen hast, weiß ich längst. Ein Geheimnis, aber plötzlich!"

Nach gründlichem Nachdenken hauchte Herr Kürbis etwas durchs Schlüsselloch.

Der Floh spitzte die Ohren. „Du hast kein Geheimnis?" „So ist es", sagte Herr Kürbis. „Ich habe dein Blut gesoffen!", rief der Floh panisch. „Was bist du für ein Mensch?" „Das ist mein Geheimnis", sagte Herr Kürbis. „Behalte das Schloss samt Fahne", schrie der Floh und hüpfte, zu Tode erschrocken, in großen Sprüngen davon.

Das 3. Paket

Der Briefträger verklebte das zweite Paket und seufzte: „Ich schöpfe Mut.“ Dörte schnallte den Hammer ab und warf ihn in die Schachtel. „Fliegenbrei und Fahrradklau!“, kicherte es aus dem dritten Päckchen.

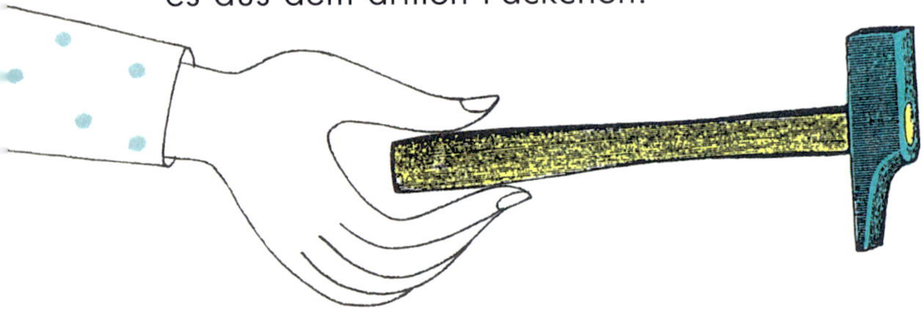

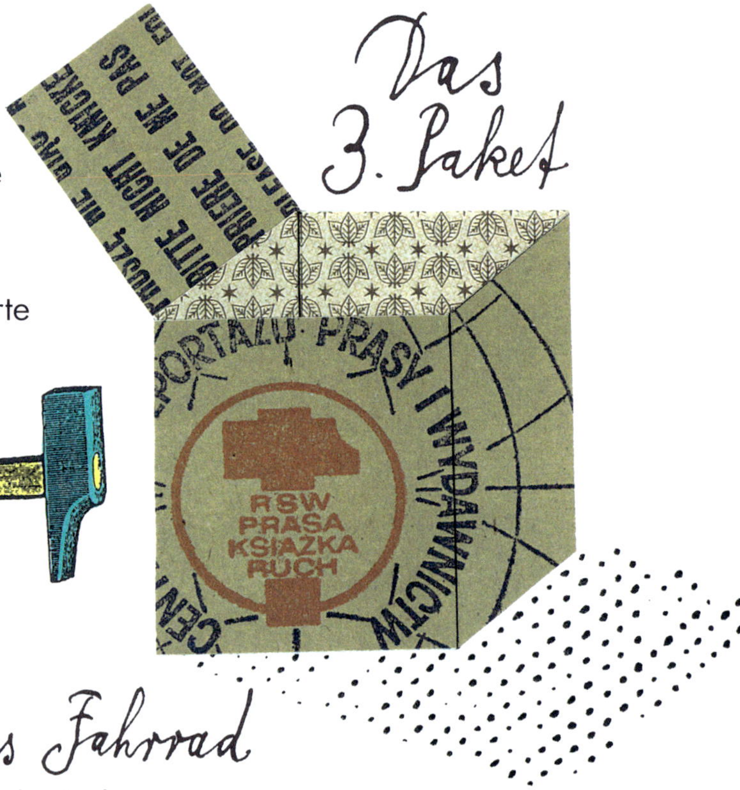

Der Hammer und das Fahrrad

In der Nacht war das fürchterliche Kind mit dem Hammer unterwegs. An der Wand saß eine Fliege. Das Kind schlug die Fliege zu Brei. Der Hammerschlag erschreckte die Maus.

Die Maus sprang aus dem Fenster und flog auf den Kopf der Katze. Die Katze kreischte. Der Hofhund wurde wach und bellte. Der Fahrraddieb suchte das Weite.
Am nächsten Tag gab es ein Riesengeschrei wegen des Fliegenflecks auf der Tapete. Dem fürchterlichen Kind nahm man den Hammer weg. Das Fahrrad wartete freundlich im Hof.

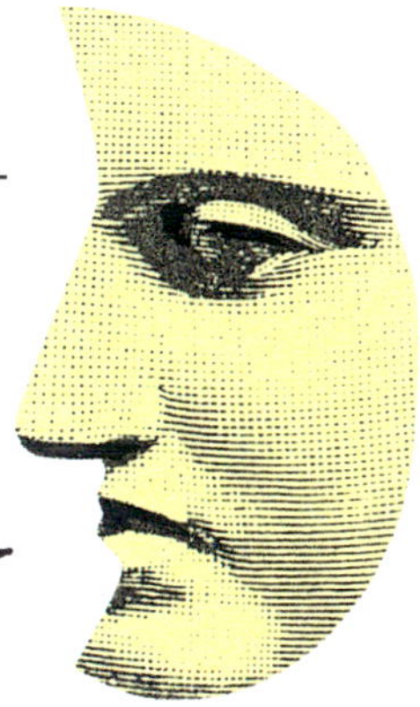

Sommergeschichte!

„Nur gut, dass die Geschichte im Sommer geschah", sagte Frau Knösel. „Sommer oder Winter! Ist doch egal!", brummte der Briefträger und klebte das Hammerpaket zu. „Nichts ist egal", sagte Frau Knösel, „im Winter bleiben die Fenster geschlossen. Das Fahrrad wäre folglich gestohlen worden."
„Im Winter steht das Fahrrad im Schuppen", warf Herr Kuckuck ein, „also wird es weder im Sommer noch im Winter gestohlen."
Das Fahrrad des Briefträgers klingelte aufgeregt. „Selbst wenn es gestohlen werden sollte, muss es für das Fahrrad kein Unglück bedeuten. In Monte Carlo hat sich eine ähnliche Geschichte zugetragen. Kennen Sie Monte Carlo? In Monte Carlo findet in jedem Jahr ein Fahrradrennen statt. Diese Stadt ist ein Traum!"

Das 4. Paket

„Monte Carlo, Monte Carlo!“, brummte der Briefträger. „Das vierte Paket muss gepackt werden.“ Der kleine Koch untersuchte seine Taschen und fand darin ein Körnchen Salz und einen Krümel Pfeffer. „Meine eiserne Reserve“, sagte er und streute Körnchen und Krümel in das vierte Paket.

„Drei Suppen, drei Träume!“, ertönte es. Es klang wie das Gezirpe von Silberglöckchen.

Suppe und Suppe und Suppe

Am Nachmittag floss goldenes Licht in die Küche des mageren Kochs. Die gute Zauberin stand vor dem Herd und zwitscherte:

„Wem es schlecht geht, dem wird geholfen.“

„Mir kann keiner helfen“, sagte der magere Koch schwach. „Ich bin zum Kochen zu blöd. Ich bekomme nicht einmal mein eigenes Essen herunter.“ „Drei Wünsche!“, rief die Zauberin. „Schnell! Ich habe wenig Zeit!“

„Erstens Suppe, zweitens Suppe und drittens Suppe!“, sagte der Koch. Das Gesicht der Zauberin verdüsterte sich. „Suppe!“, sagte sie verächtlich. „Du kannst dir ein Schloss, eine Prinzessin und Gold dazu wünschen.“

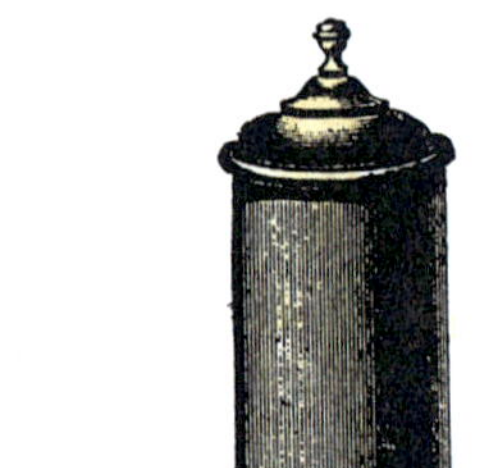

„Erstens Schlosssuppe, zweitens Prinzessinnensuppe und drittens Goldsuppe“, sagte der Koch kraftlos. Die Zauberin funkelte ihn an. „Zu blöd zum Wünschen!“ Sie schwang den Feuerhaken und entschwand. Kleine Blitze schwebten durch die Küche. Auf dem Herd standen drei Teller.
Der magere Koch ging ungläubig von Suppe zu Suppe.
Er roch an jeder und beäugte sie gründlich. Dann flüsterte er lächelnd: „Drei Traumsuppen! So blöd bin ich gar nicht.“

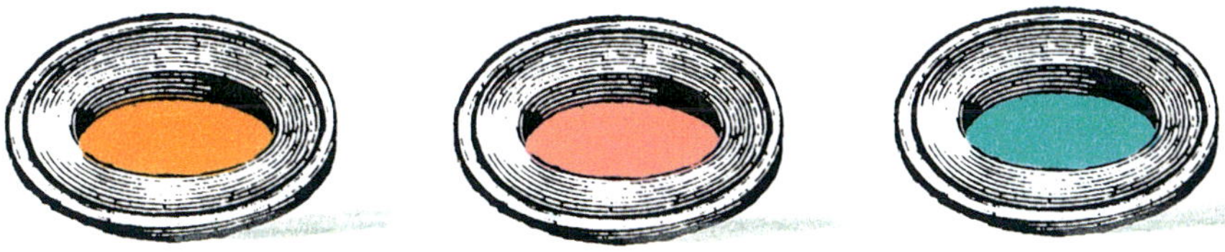

Da sprang die Küchentür auf. Herein spazierten ein König, eine Prinzessin und ein Finanzminister. „Guten Tag“, sagte der König gut gelaunt. „Ihre Schlosssuppe wird gerühmt. Ich möchte sie probieren.“
Der magere Koch sah den König erschrocken an. „Es ist meine Suppe“, stotterte er. Der König fuchtelte mit dem Reichsapfel. „Ich will!“
Der magere Koch suchte einen sauberen Löffel und sagte fast unhörbar: „Wohl bekomm's!“

Der König schlürfte und schmatzte. „Oh und Ah! Davon geht eine Kraft aus! Königlich!“ Prinzessin und Finanzminister konnten sich vor Gier nicht halten. „Suppe, Suppe, Suppe!“, riefen sie. Der Koch kramte zwei Löffel hervor und sagte matt: „Guten Appe!“ Für „tit“ reichte seine Kraft nicht. Die Prinzessin und der Finanzminister schlürften und schmatzten. „Oh und Ah!“, gickerte die Prinzessin. „Ich bin mit einem Schlag heiratsfähig!“ Der Finanzminister kneckerte: „Oh und Ah! Mir ist, als ob der Staatsschatz wüchse!“

Der König grunzte: „Du wirst mein Hofkoch sein!“

„Traumsuppen“, dachte der Koch und sah traurig auf die leeren Teller. Dann seufzte er: „Hoheit, ich bin zu blöd zum Kochen!“

Der König grinste. „Ich bin zu blöd das Land zu regieren, mein Finanzminister ist zu blöd den Staatsschatz zu vermehren und die Prinzessin ist zu blöd zum Heiraten. Bei uns bist du richtig!“

Der Koch wurde Chef der Hofküche. Tag für Tag saß er seufzend im Küchenbüro und sah den Köchen beim Kochen zu. Vom Sitzen und Seufzen wurde er dick und dicker. Die Prinzessin dachte: „So blöd ist er auch wieder nicht.“

Prinzessin und Koch heirateten. Und als der König starb, erbte der Koch das Schloss und das ganze Gold dazu. Nun war der Koch König und seufzte immer noch. „Was seufzt du, mein Kochmützenkönig?“, fragte seine Frau. „Du hast alles, wovon ein Koch träumt.“ Der Kochmützenkönig antwortete: „Zum Träumen bin ich zu blöd.“

Das 5. Paket

Der Briefträger klebte Paket Nummer vier zu und sagte: „Zu blöd!" Dann zeigte er auf Herrn Kuckuck. „Das fünfte ist für Sie!" Herr Kuckuck entnahm seiner Jackentasche einen Uhrzeiger und legte ihn in den Karton. „Mein Glücksbringer", erklärte er. „Ich war immer zur richtigen Zeit am richtigen Ort. Seit dem Schiffbruch ist es anders. Ich trenne mich leicht von ihm."
Aus dem Karton kam ein Kuckucksschrei.

Luise und der Kuckuck

Immer, wenn der große Zeiger auf die Zwölf zeigte, erschien der Uhrenkuckuck und schrie eine Minute lang: „Kuckuck!" Stunde um Stunde. Hatte er sein „Kuckuck" gerufen, verschwand er im Loch.
Als Luise rechnen konnte, sagte sie: „Ich will wissen, was er in den anderen 59 Minuten treibt." Sie stieg auf den Küchenstuhl und klemmte den Schraubenzieher hinter das Türchen.
Der Uhrenkuckuck sah die Schraubenzieherspitze, schaltete das Grammophon aus und versteckte sich hinter der Kommode.
Luise glotzte ins Kuckucksloch. „Interessant", rief sie lachend. „Uhrenkuckuck, schläfst du?"

Sie zerrte den Uhrenkuckuck aus dem Uhrenkasten und warf ihn in ihr Bett. „Sag Kuckuck!", rief sie. „Ich bin ein Uhrenkuckuck!", schrie der Uhrenkuckuck. Luise würgte den Uhrenkuckuck. „Du bist ein Bettkuckuck." Der Uhrenkuckuck hustete: „Uhrenkuckuck!"
Luise schüttelte den Kuckuck und schmiss ihn in den Uhrenkasten zurück. Seitdem trat der Kuckuck nur selten vor die Tür und dann meistens unpünktlich. Sein Kuckucksruf war lustlos und müde. Er hustete viel.
Am Sonntag sagte der Vater: „Die Husterei nervt. Wenn er bis Montag nicht aufhört, kommt er in den Müll."
Der Kuckuck öffnete röchelnd das Türchen. „Ein Müllkuckuck bin ich schon gar nicht." Er griff seinen Koffer und flog zum Fenster hinaus.

„Koffer ist das richtige Stichwort", murmelte der Briefträger, nachdem er das Päckchen sorgfältig verklebt hatte. Zufrieden steckte er die fünf Pakete in den Postsack. „Quasselrad fertigmachen! Wir haben viel Zeit verloren!"

Das Fahrrad klirrte empört. „Ich bin kein Quasselrad und habe nichts verloren!“ Der Briefträger blickte streng. „Postrad“, rief er, „auf geht's!“ „Weder auf noch ab!“, rasselte das Fahrrad. „Ich will nach Monte Carlo.“ „Viel Vergnügen“, sagte der Briefträger, zog einen Schnorchel aus der Tasche und sprang ins Wasser.
„Im April werde ich Oberpostrat.“

„Fünf Pakete gepackt! Und Holger vergessen“, sagte Anton.
„Holger ist kein Verfolger“, klingelte das Fahrrad geheimnisvoll.
„Hast du Holger gesehen?“, rief Dörte.
„Er hatte keine Ahnung von Verfolgerrennen“, zirpte das Fahrrad, „und Monte Carlo kannte er auch nicht. Damit war unser Gespräch beendet.“
„War er hier?“ Dörte rüttelte das Fahrrad.
„Ringding“, schepperte es, „nicht verbiegen! Vielleicht war er hier. Vielleicht aber auch nicht. In Monte Carlo war er jedenfalls nicht.“

Der 10. Tag

„Ich wäre froh, wenn der Matrose hier wäre!"
Anton sah besorgt zum Horizont. „Seht ihr den merkwürdigen Felsen?"
„Eine Seetulpe ist es nicht!", bemerkte Frau Knösel. „Wenn es kein Moosröschen ist, muss es auch keine Seetulpe sein", sagte Herr Kuckuck.
Der sonderbare Felsen bewegte sich. Drei Seetulpen kamen gesprungen.
„Mohrrüben und Schneebälle", wisperte das Wingel, „es ist soweit!"
„Was ist das?", fragte der kleine Koch. „Winkebein grüßt O und W", dibberte das Dongel. „Sie kommen, sie kommen!", quasselte das Quangel.
Jetzt sahen sie es deutlich: ein roter und ein gelber Punkt wurden allmählich größer und größer. Der Felsen winkte heftiger. Die Punkte schwammen auf das Ufer zu. „O und W", quietschte das Quangel. „Winkebein macht Riesenwelle!" Eine haushohe Welle donnerte auf das Ufer zu. „Festhalten!", konnte Dörte noch schreien, dann wurde es finster, kalt und nass.

53

Der Lärm hatte sich allmählich gelegt. Dörte kniff noch immer die Augen zusammen. Sie rief: „Alle da?" „Alle da!", antwortete Frau Knösel vergnügt und kroch mit Herrn Kuckuck unter einem Stein hervor. „Nur das Fahrrad fehlt." Dörte öffnete die Augen. Sie sah zwei bärtige, tropfnasse Herren auf das Ufer zugehen. Die Seetulpen sprangen vor ihnen auf und ab. Sie bettelten: „Bitte Schneeball, Herr W! Bitte Mohrrübe, Herr O!" „Winkebein übertreibt immer", sagte Herr W, „tausend Jahre alt! Wird nie erwachsen." Das Quangel sprang ungeduldig in die Höhe. „Und Geschenke?", quengelte es. Herr W griff brummend in den Sack und gab den Seetulpen etwas Schneematsch. „Keine Mohrrüben?", drängelte das Dongel. „Die Kiepe ist leer", schnarrte Herr O und hob den Hut. „Ich hätte noch Trostpreise." Auf seinem Kopf lagen ein leeres Tütchen, eine Nuss und ein abgebranntes Streichholz. Herr W lüftete die Mütze und lachte: „Trostpreise habe ich auch." Auf seinem Kopf lagen eine Eierschale und ein Kieselstein. Die Seetulpen machten Freudensprünge. „Trostpreise! Trostpreise!", sangen sie.

Herr O und Herr W schüttelten sich und sagten: „Jetzt wollen wir uns von innen besehen." Sie legten sich hin und begannen augenblicklich zu schnarchen. „Bescherung!", dibberte das Dongel und verteilte die Trostpreise. „Es ist wie O und W an einem Tag", lachte Anton. Dörte bekam das Tütchen, Frau Knösel die Nuss, Anton das Streichholz, Herr Kuckuck den Stein und der Koch die Eierschale.

„Danke", sagte Anton und warf das abgebrannte Streichholz weg.

„Was machst du?", quakte das Quangel. „Das ist ein Geschenk!"

„Ich habe mich bedankt", sagte Anton.

„Dummheit!", schimpfte das Dongel zornig. „Wer ein Geschenk bekommt, muss wiederschenken!"

„Ich habe nichts", sagte Anton. „Den Hut!", kreischte das Wingel wütend. Anton wurde es unbehaglich. „Meinen Hut gebe ich nicht her!" „Dann", quengelte das Quangel, „eine Schnurrpfeife!" „Keine Schnurr und keine Pfeife", murrte Anton. Dörte verstand, was das Quangel wollte. „Du sollst etwas erzählen. Mehr nicht. Nur eine Schnurrpfeife. Erzähle eine Streichholzgeschichte!"

„Schnurrpfeife“, sagte Anton und betrachtete das Streichholz. „Wer selber brennt, kann andere entzünden.“

vom Streichholz

Herr Tüta war schon seit zehn Jahren Feuerwehrmann. Aber Feuer hatte er noch nie gelöscht. „Wenn niemand kokelt, tatü, tata“, seufzte er traurig, „habe ich meinen Beruf verfehlt. Ich muss Bienen einfangen, Katzen von Bäumen holen und lockere Dachziegel von Dächern klauben. Es wäre ehrlicher, ich hieße Katzenvondenbäumenholemann oder Dachziegelvomdachklaubemann. Tatü tata!“

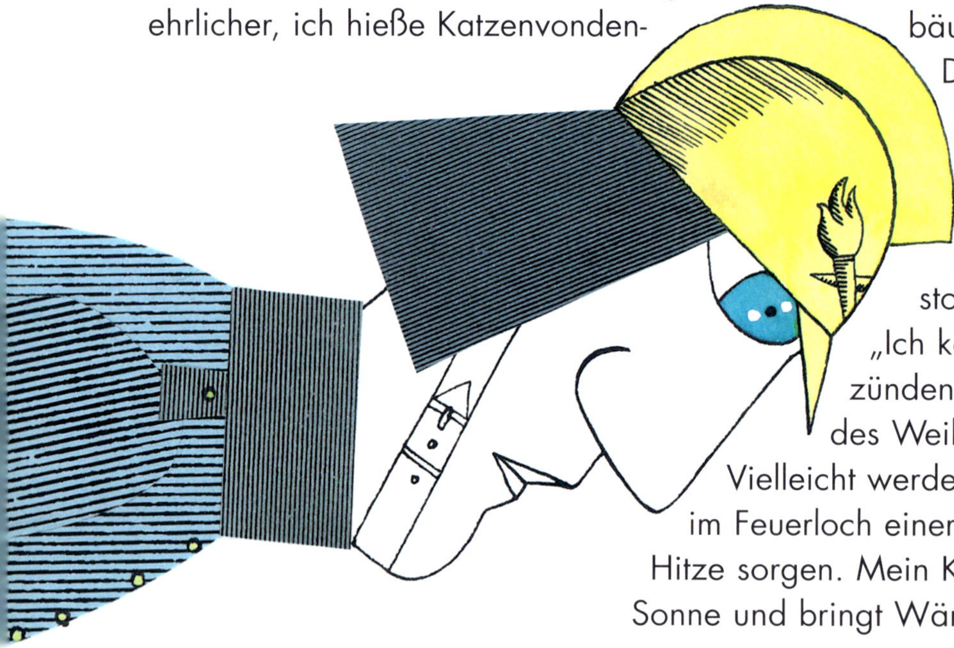

„Ich bin Heinz!“, krakeelte das stolze Streichholz. „Ich kann Herdfeuer entzünden oder die Kerzen des Weihnachtsbaumes. Vielleicht werde ich eines Tages im Feuerloch einer Lokomotive für Hitze sorgen. Mein Kopf ist die Sonne und bringt Wärme und Glück.“

Herr Tüta hörte zwei Wochen lang das Geschrei. Dann rief er: „He, Heinz! Deine Stunde ist da. Siehst du die Hundehütte? Wenn ich meine Spritze aufgebaut habe, wirst du Feuer legen, dass es kracht."
„Das mache ich nicht!", schimpfte Heinz. „Das ist kein gutes Feuer!"
„Feuer ist Feuer", sagte Herr Tüta, „besser jetzt als nie."
„Ich mache es nicht!", schrie Heinz.
„Sieh dir den Himmel an! Gleich wird es regnen", rief Herr Tüta.
„Ein Feuerwehrmann ohne Feuer ist traurig. Aber das Allertraurigste ist ein Streichholz mit nassem Kopf. Wenn du es jetzt tust, wirst du brennen und mich glücklich machen!"
„Aber der Hund", rief Heinz, „was soll aus dem werden?"
„Der Hund ist nicht zu Hause und die Hütte wird nicht niederbrennen. Dafür sorge ich! Das ist mein Beruf! Du kokelst eine Ecke an und dann komme ich!" Heinz betrachtete die Regenwolke und überlegte. „Gut, hol die Spritze!" Herr Tüta sprang in die Luft. „Tatü tata, ich bin ein Feuerwehrmann!"
Zu Hause suchte er die Spritze im Wohnzimmer, in der Küche und im Keller. Er fand sie nicht. Als die ersten Tropfen herabfielen, kam der Hund und sprach: „Heinz, was stehst du hier herum? Dein Kopf wird nass. Komm rein, zünde mir mein Pfeifchen an."

Der kleine Koch hielt die Eierschale gegen das Licht und sagte: „Ich hoffe, es schmeckt! Hühnersuppe mit Ei. Ein Geheimnis bleibt immer dabei."

SCHNURRPFEIFE von der Eierschale

„Wer war zuerst da?", fragte das Ei. „Huhn oder Ei?"
„Ich war zuerst da", gackerte das Huhn. „Ich habe das Ei gelegt."
„Das Ei war zuerst da!", kreischte das Ei. „Bevor du das Ei gelegt hast, bist du selber aus dem Ei geschlüpft."
„Wer hat das Ei gelegt, aus dem ich geschlüpft bin?", gnuckerte das Huhn.
„So kommen wir nicht weiter", sagte das Ei. „Vielleicht lässt sich die Frage andersherum beantworten: Wer bleibt übrig?"
„Wer übrig bleibt, ist Erster!", lachte das Huhn und hackte auf das Ei ein.

Es erhob sich ein Riesengeschrei. Der Koch kam gerannt und sagte: „Ich bin des Streitens müde.“ Er zerschlug das Ei und hackte dem Huhn den Kopf ab. „Heute gibt es Hühnersuppe mit Ei!“
Der Koch löffelte die Suppe und war mit der Ruhe sehr zufrieden.
Da hörte er die Eierschale kichern: „Hihi, ich bleibe übrig!“ „Nein“, gackelte der Hühnerkopf, „ich bleibe übrig.“
Der Koch stöhnte: „Das hört nie auf.“
Er nahm den Besen und fegte Hühnerkopf und Eierschale zur Küchentür hinaus.

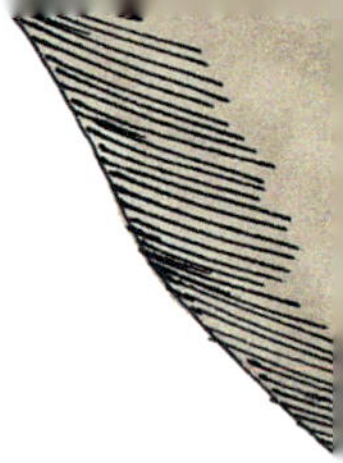

Dörte beschnupperte das Tütchen und sagte geheimnisvoll:
„Einatmen und Ausatmen, beides steckt in diesem Tütchen."

vom Tütchen

Unter dem Birnbaum klagte ein altes Tütchen:
„Ich bin zu nichts nütze und fühle mich so leer."
„Du fühlst dich nicht nur so", spottete die Birne,
„du bist es auch!"
„Ach", seufzte das Tütchen.

Da kam der Gärtner angestiefelt,
beklopfte die Birne und sagte:
„Da ist der Wurm drin!
Morgen spritze ich Gift!"
Das hörte der Wurm und beschloss
noch in dieser Nacht auszuwandern.
Es wurde ein langer Weg.
Aus der Birne heraus. Den Stiel
hinauf. Vom Stiel auf den Zweig.
Vom Zweig auf den Ast.
Vom Ast auf den Stamm.
Vom Stamm auf den Boden.

Es wurde Tag.
Der Gärtner nahte mit der Giftspritze.
Der Wurm war beim Tütchen angekommen
und kroch hinein.
Der Gärtner besprühte die Birne so, dass die Mücken
husteten. „Hier lässt sich kein Wurm mehr blicken“,
sagte er zufrieden.
Ein kleiner Wind wehte herbei, hob das Tütchen
hoch, wirbelte es herum und ließ es neben der
Birne im Geäst hängen. Der Wurm sah aus
dem Tütchen heraus und zog die Nase kraus.
„Es stinkt!“
„Du solltest“, röchelte die Birne, „tot sein!“
„Ich bin nicht tot“, sagte der Wurm. „Das Tütchen
hat mein Leben gerettet!“
„Das lächerliche leere Tütchen!“, hustete die Birne.
Der Wurm kroch in das Tütchen zurück und sagte:
„Hier drin ist alles voll mit schöner milder
Abendluft. Es ist eine Lust zu atmen!“

Frau Knösel beklopfte die Nuss. „Im Hochsommer schnurren und pfeifen die Moosrosen. Im Herbst aber werfen sie kleine Nüsse ab!“

von der Nuss

Im Zwölfminutenwald reifte am Stängel einer Moosrose eine Nuss heran. Im September fiel sie „plopp“ zu Boden. „Damit die Nuss ein rechtes Moosröschen wird“, schnurrte die Moosrose, „muss sie auf die Reise gehen.“

Die Nuss dachte: „Törichte Mama! Siehst du nicht, dass ich keine Beine habe? Wie soll ich da reisen?“

Im Oktober trippelte die Reisemaus Waltraut Dinkel herbei und beschnüffelte die Nuss. „Proviant für die Reise. In den Koffer damit!“ „Reise ist gut“, dachte die Nuss, „aber was ist Proviant?“ Sie spitzte die Ohren und hörte Waltraut sagen: „Der Winter kommt. Ich fahre nach Montevideo, da fängt jetzt der Sommer an.“ Die Nuss hörte Flugzeuglärm, Busklappern und Dampfertuten. Dann wurde es still. Waltraut öffnete den Koffer. „Willkommen in Montevideo! Ich gehe an den Strand.“

Waltraut legte die Nuss aufs Fensterbrett. Da war es schon Dezember.
Die Nuss dachte: „Diese Hitze! Ich bin eine Zwölfminutenwaldnuss und keine Montevideonuss."
Im Mai wurde es in Montevideo endlich etwas kühler. Waltraut Dinkel bibberte: „Ich muss in den Zwölfminutenwald, da fängt jetzt der Sommer an." Sie packte die Nuss in den Koffer und begab sich zum Flughafen.
Im Juni sah die Mama ihre Nuss wieder. „Kind, du solltest längst ein Moosröschen sein!", rief die Moosrose. „Fehlt dir etwas?"
Die Nuss seufzte: „Ach Mama, mir fehlt ein Winter."
Waltraut Dinkel trippelte herbei und beklopfte die Nuss.
„Das Verfallsdatum ist überschritten!", sprach sie.
„Wenn der Proviant spricht, dauert es nicht lange, bis er zu stinken beginnt!"

Herr Kuckuck warf seinen Trostpreis in die Höhe. Der Stein fiel herab und blieb am Boden liegen. „Schnurrt nicht, pfeift nicht“, sagte er, „stumm und dumm.“

SCHNURRPFEIFE vom Stein

Herr Grünstein fand einen grünen Stein.
„Grünstein findet einen Grünstein“, lachte Grünstein.
Er drehte den Stein hin und her. „Stumm und dumm wie jeder Stein.“
„Es gibt eine Ausnahme“, sprach der grüne Stein.
„Jeder Stein ist stumm und dumm“, sagte Grünstein.
„Nicht der Stein der Weisen“, sagte der grüne Stein.
„Den Stein der Weisen gibt es nicht!“, rief Grünstein.
„Er wird gesucht“, sagte der grüne Stein, „also gibt es ihn.“
Grünstein besah den Stein genauer.
„Bist du der Stein der Weisen?“

„Wenn du mich auf deinen Hut legst", kicherte der grüne Stein, „kannst du die Zukunft sehen." Grünstein legte den Stein auf den Hut und blickte angestrengt in die Gegend. „Zukunft? Sehe ich nicht." „Nicht glotzen! Sehen!", rief der Stein vom Hut herab. Grünstein sah sich um. „Ich sehe eine Bananenschale."

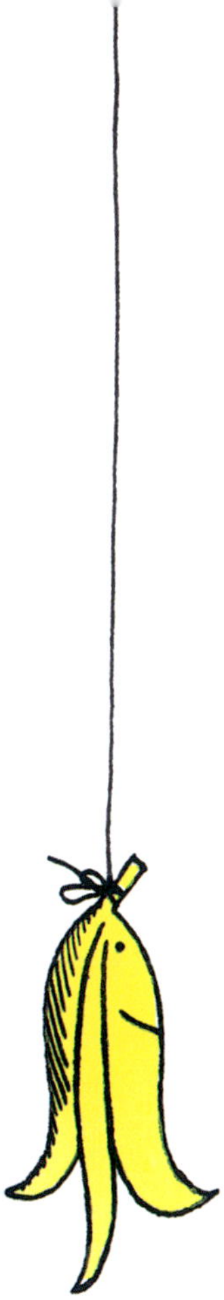

„Na bitte! Und was tut die Bananenschale?", fragte der Stein.

„Sie liegt da", antwortete Grünstein.

„Sehr gut", rief der Stein, „jetzt tritt auf die Bananenschale! Aber mit Schwung!"

„Ich werde ausrutschen", sagte Grünstein.

„Drauftreten!", herrschte der Stein ihn an.

Grünstein trat gehorsam auf die Bananenschale und rutschte aus.

Der Stein jubelte: „So hat es der Stein der Weisen vorhergesagt."

„Ich wusste es auch ohne Stein!", sagte Grünstein und rieb seinen schmerzenden Hintern.

„Wieso bist du so sicher?", fragte der Stein.

Grünstein griff den Stein und schleuderte ihn in den Teich. Der Stein versank seufzend. Grünstein hielt die Luft an.

„Nichts passiert!", sagte er und zitterte ein wenig.

„Fünf Schnurrpfeifen", maulte das Quangel, „eine blöder als die andere!"
Das Wingel wisperte: „Still! Herr O und Herr W werden wach."
„Strecken sich und schnaufen", quakelte das Dongel, „sie haben ausgeratzt!"
Herr O reckte sich und mümmelte: „Ich habe von Streichhölzern und grünen Steinen geträumt!"
„Ich von Eierschalen", grunzte Herr W. Er sah zum Himmel und murmelte bedeutungsvoll: „Im nächsten Jahr wieder hier, traurige Nuss!"
„Wie immer, alte Tüte", prustete Herr O und tauchte unter.

Das Winkebein wackelte fröhlich, bevor es im gurgelnden Wasser verschwand. Eine kleine Welle schlug ans Ufer. Die Seetulpen trippelten niedergeschlagen am Ufer hin und her. „Kein O“, seufzte das Wingel müde. „Kein W“, säuselte das Dongel. „Kein O, kein W“, jammerte das Quangel.

Die Seetulpen fassten sich bei den Händen und wackelten traurig singend am Ufer entlang. „Dong quing wang!"
„Versteht einer, was sie singen?", flüsterte Dörte.
„Soviel ich begreife, rufen sie jemanden", erklärte Herr Kuckuck und lauschte dem Gesang der Seetulpen.
„Quing wang dong!"

Aus dem Wasser stieg ein riesiger Kopf. Die Seetulpen riefen: „Wang dong quing!" „Was ist das?", rief Frau Knösel. „Ich weiß es nicht", sagte Herr Kuckuck, „ich bin nur Seetulpenspezialist." Der Kopf verschwand. Die Insel schwankte. „Dong quing wang!", sangen die Seetulpen und verschwanden in der Dämmerung.

Der 11. Tag

„Wir hätten den Kompass mitnehmen sollen“, brummte Anton und zeichnete ein Kreuz in den Sand. „Die Sonne ging hinter dem Fahrradlenker auf und nun geht sie hinter ihm unter.“ Der kleine Koch dachte nach: „Ein deutliches Anzeichen, dass sich die Insel dreht.“ „Wenn sich die Insel dreht, hat ein Kompass keinen Sinn“, sagte Dörte. Frau Knösel tippte mit dem Schirm an den Fahrradlenker. „He, Monte Carlo! Was machen Sie da im Sand?“ Aus dem Sand kam ein dumpfes „Ring ring!“. Als sie das Fahrrad freigeschaufelt hatten, schüttelte es sich und klingelte:

„In Monte Carlo wäre das nicht passiert.“

„In Monte Carlo gibt es dafür Krokodile", sagte Dörte.
„Hier auch", schrie Anton.
Ein rotes Krokodil kroch an den Strand. „Seltsame Farbe für ein Krokodil", flüsterte Herr Kuckuck und versuchte ein Zittern zu unterdrücken.
„Wir sollten auf der Hut sein", schrie Frau Knösel.
„Vergesst den Hut", stöhnte das Krokodil. „Mir ist hundeelend."
Das Krokodil würgte, schüttelte sich und kotzte eine Kiste aus.
Dann wurde es grün. „Jetzt ist mir besser!"

Frau K. lernt eine Mau-Mau-Regel

„Ein Kartenspiel!“, rief Frau Knösel und zog einen Stapel Spielkarten aus der Krokodilkiste. Das Krokodil beglotzte die Karten und grunzte: „Mau Mau!“ Es fletschte die Zähne und knurrte Frau Knösel und Herrn Kuckuck an: „Und ihr spielt mit!“
Herr Kuckuck mischte ängstlich die Karten, gab jedem sechs, legte eine in die Mitte und daneben ein Päckchen mit dem Rest. Dann sagte er zum Krokodil: „Sie fangen an.“ Das Krokodil besah pfeifend sein Blatt, zog eine Karte aus dem Stapel und fraß sie schmatzend auf. Es zog eine zweite Karte, schlang auch sie hinunter und rülpste: „Mau Mau!“
„Mir scheint“, sagte Frau Knösel höflich, „das ist gegen die Regeln.“ Das Krokodil sah sie scharf an. „Du bist dran!“ Frau Knösel nahm eine Karte vom Stapel und legte sie ab. Das Krokodil wackelte mit dem Schwanz. „Was soll das?“
Frau Knösel gab sich Mühe nicht zu zittern. „Ich habe abgelegt. Hier: Kreuz Dame auf Kreuz Zehn.“
„Friss die Karte!“, knurrte das Krokodil. Frau Knösel sagte mit fester Stimme: „Die Mau-Mau-Regel sagt nichts darüber, dass man die Karten essen soll!“ „Mau-Mau-Regel!“, sagte das Krokodil verächtlich. „Karte fressen!“ Frau Knösel würgte die Kreuz Dame in kleinen Bissen hinunter.

Nun war Herr Kuckuck dran. Er zog eine Karte und sagte erleichtert: „Ich kann leider nicht bedienen."

„Dann darfst du drei Karten fressen", brummte das Krokodil.

Herr Kuckuck wurde panisch. „Das ist nicht Mau Mau!"

„Drei!", zischte das Krokodil. Der kleine Koch nahm seinen Mut zusammen und sagte freundlich: „Es gibt noch eine andere Mau-Mau-Regel!"

„Ach", lächelte das Krokodil, „du kennst auch eine?"

„Die Karten werden kleingehackt", sagte der kleine Koch tapfer, „und in Olivenöl und Balsamico gelegt. Das spielen alle gern."

Dem Krokodil floss der Speichel aus dem Maul. „Wenn kein Olivenöl da ist, kann man sie auch ungehackt und trocken fressen!", brüllte es und stopfte das Kartenspiel in sich hinein. „Es ist schon interessant", bemerkte Herr Kuckuck, „wie viele Regeln es gibt."

Monte Carlo liegt am Meer

Dörte fischte einen Stadtplan aus der Krokodilkiste. Sie drehte ihn dreimal. „Ein Plan der Insel ist es nicht“, sagte sie enttäuscht, „es muss eine Stadt sein. In der Mitte ist der Bahnhof. Hindurch fließt ein Fluss. Am Rand liegt der Flugplatz.“ „Das ist der Plan von Monte Carlo“, jubelte das Fahrrad. „Es hat einen Bahnhof, einen Fluss und einen Flugplatz.“

„Jede größere Stadt“, sprach Dörte, „hat einen Bahnhof, einen Fluss und einen Flugplatz!“ „Dann“, sagte das Fahrrad traurig, „ist das nicht der Plan von Monte Carlo. Monte Carlo ist unvergleichlich.“

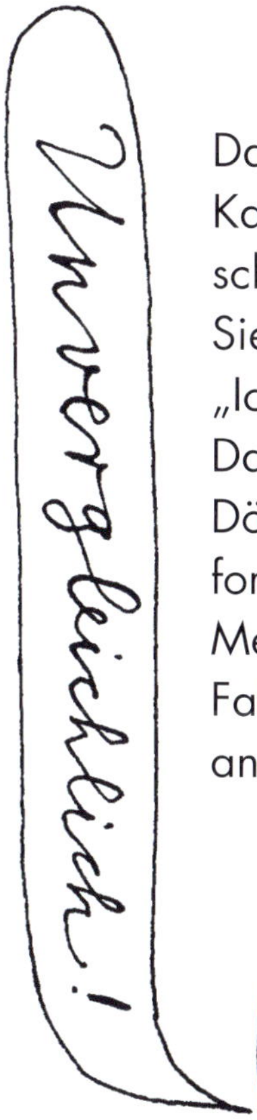

Das Krokodil klappte das Maul auf. „Das Beste an Monte Carlo sind die Kalbsschnitzel. Es gibt am Strand ein Lokal. Immer, wenn ich dort bin, schlage ich mir den Bauch voll." Das Fahrrad klingelte nervös. „Wollen Sie behaupten, dass Monte Carlo am Meer liegt?"
„Ich muss es nicht behaupten", geiferte das Krokodil, „es liegt am Meer."
Das Fahrrad sagte heftig: „Kann ich bitte noch einmal den Plan sehen?"
Dörte breitete den Plan aus. „Zeigen Sie mir das Meer!", forderte das Fahrrad. „Auf diesem Plan gibt es kein Meer!", sagte Dörte. „Ich wusste es", sagte das Fahrrad, „Monte Carlo ist nicht wie jede andere Stadt!"

Herr K. fertigt eine Tabelle an

„Ein Fernseher!“, rief Frau Knösel aufgeregt. „Welch ein Glück!“ Das Krokodil beäugte den Apparat und grunzte: „Ich habe schon zwei Folgen von HACKBRATEN verpasst.“

„Mir geht es ähnlich“, sagte Frau Knösel, „mir fehlen zwei Folgen des GRAFEN VON MONTE CHRISTO.“ „Sie meinen den Grafen von Monte Carlo!“, klingelte das Fahrrad fröhlich. Herr Kuckuck wurde sehr ernst. „Ich nehme an, dass Fräulein Pomsel und Herr Löffel wiederum an anderen Beiträgen interessiert sind. Herr Koch wird gewiss eine Kochsendung sehen wollen.“

„Ganz und gar nicht“, sagte der kleine Koch, „wenn ich fernsehe, darf es nicht um Arbeit gehen. DER KOCH HAT FREI ist meine Sendung.“ Das Krokodil rief: „Ich will HACKBRATEN!“

„Das wissen wir bereits“, sagte Herr Kuckuck. Er zog ein Papier aus der Tasche und legte eine Tabelle an. „Wir sind mit Krokodil sechs Leute.“ „Sieben!“, berichtigte das Fahrrad. „Gut, sieben“, sagte Herr Kuckuck und zog Linien. „Wenn wir um 10 Uhr beginnen und jeder zwei Stunden bekommt, können wir fernsehen bis Mitternacht. Wem soll ich die Spalte von 10 bis 12 reservieren?“ „Ich will die Spalte von 16 Uhr 30 bis 17 Uhr 30“, sagte Frau Knösel, „da wird täglich MONTE CHRISTO gezeigt.“

„Diese Spalte will ich", sagte das Krokodil. „In der letzten Folge traf Hackbraten eine Pfeffergurke. Ich bin gespannt, wie es nun Blutwurst ergangen ist."
„Was muss ich sehen?", sagte Herr Kuckuck und betrachtete seine Fernsehtabelle. „Die Spalte von 16 bis 18 Uhr ist bereits reserviert!"
„Von wem?", brummte das Krokodil. „Von mir", sagte Herr Kuckuck und lächelte, „um 16 Uhr 15 beginnt TULPEN AUF SEE. Ich frage noch einmal: wer will Spalte eins, 10 bis 12?"
„Schreiben sie mich ein", sagte Anton und zog Draht und Schrauben aus dem Fernsehapparat.
„Was tun Sie da? Sie machen den Fernseher kaputt!", rief Herr Kuckuck. „TULPEN AUF SEE beginnt um 16 Uhr 15!"
„Um 16 Uhr 15 will ich auf großer Fahrt sein", sagte Anton, „der Matrose braucht Nägel und Draht!" Herr Kuckuck verlor die Fassung. Er drehte eine Pirouette, setzte sich in den Sand und weinte: „TULPEN AUF SEE!"
„Kein Knoblauch, kein Fernsehen, kein Monte Carlo", jammerte Frau Knösel, „unsere Lage ist hoffnungslos."
„Sagen sie nicht so was", sprach Anton, „wir haben Draht und Schrauben."

Trockenfutter fängt mit G an

Der kleine Koch verschwand in der Kiste und lachte: „Ein Gewürztütchen!"
„Eine rechte Wunderkiste!", bemerkte das Krokodil, nicht ohne Stolz.
Der kleine Koch besah das Tütchen, roch daran, schüttelte es und sagte dann: „Fängt mit G an und hört mit Rießklößchen auf."
„Gänsebraten?", fragte das Krokodil.
„Gänsebraten hört mit Änsebraten auf", sprach Herr Kuckuck.
„In warmem Wasser zehn Minuten aufquellen lassen", las der kleine Koch.
„Heiliger Gurkensalat", schimpfte er, „das ist Trockenfutter!"

Herr Kuckuck zog einen Topf aus der Kiste. „Wir kochen Grießklößchen! Kleiner Koch, machen Sie Feuer!"
„Ich bin gegen die Fabrikation von Trockenfutter", sagte der kleine Koch.
„Es geht auch ohne Feuer", meinte Herr Kuckuck trotzig und rührte das Grießklößchenpulver in kaltes Wasser. Frau Knösel sah in den Topf.
„Schneller rühren! Sonst bildet es Klumpen."
„Es bildet nicht einmal Klumpen", sagte Herr Kuckuck, nachdem er eine Stunde gerührt hatte. Nach zwei Stunden kostete Frau Knösel vorsichtig. Sie verzog den Mund und sagte angewidert: „Monte Carlo!"
„Monte Carlo?", fragte das Fahrrad. „Warum sagen Sie Monte Carlo?"
„Kein Geruch, kein Geschmack und sehr weit weg!", sagte Frau Knösel und schüttete das Gerührte ins Meer.

Ein Taler ist keine Wurst

Anton zog eine verbeulte Sparbüchse aus der Krokodilkiste.
Er schüttelte sie und lachte: „Ich bin reich!"
„Warum?", fragte das Krokodil.
„In der Büchse ist ein Taler", sagte Anton, „ich kann mir kaufen, wovon ich träume!"
„Zum Beispiel Moosröschen", bemerkte der kleine Koch.
„Oder Knoblauch", fügte Frau Knösel spöttisch hinzu.
„Ich träume von Blutwurst", brummte das Krokodil.
„Für einen Taler gibt es zwanzig Blutwürste", sagte Herr Kuckuck.
Dem Krokodil floss der Speichel aus dem Maul. „Taler her!"
„Spinnst du?", rief Anton. „Ich habe ihn gefunden. Er gehört mir!"
Das Krokodil wurde wütend. „Mein Taler! Ich beiße dir das Bein ab!"

Anton warf dem Krokodil die Sparbüchse ins Maul. „Hier friss!“
Das Krokodil zerbiss die Büchse, bis der Taler auf der Krokodilzunge lag.
„Zwanzig Blutwürste! Wird's bald!“, donnerte es Herrn Kuckuck an.
„Hier gibt es keine Blutwürste“, bibberte Herr Kuckuck.
„Ich will Blutwurst!“, dröhnte das Krokodil.
„In Monte Carlo“, wisperte das Fahrrad, „gibt es einen Laden, da bekommen Sie für einen Taler feines Kettenöl und eins a Speichenputz.“ Das Krokodil brüllte: „Blutwurst!“
Frau Knösel spannte ihren Schirm auf und sagte mutig: „Junger Mann! Geld allein bringt gar nichts! Wenn Sie etwas kaufen wollen, müssen Sie auch höflich sein.“
Das Krokodil schrie noch einmal: „Blutwurst!“
Dann war es eine Minute stumm.
Es hatte den Taler verschluckt.
„Nun ist es Essig mit Blutwurst“, sagte der kleine Koch.
„Jetzt müssen Sie warten, bis der Taler hinten wieder herauskommt. Bei Ihrer Länge kann das dauern.“

Das Krokodil wird blau

„Wer Sorgen hat, hat auch Likör", trällerte Herr Kuckuck und schraubte ein Fläschchen auf. Er trank einen Schluck, verdrehte die Augen und säuselte: „Ich fühle mich wohl wie eine Sau! Heute küsse ich jede Frau!"
Er spitzte den Mund und winkte Frau Knösel mit dem Zeigefinger.
„Potz Blitz!", empörte sich Frau Knösel. „Herr Kuckuck! Was für ein Benehmen?" „Schnickschnack", schäkerte Herr Kuckuck, „Sie sollten ein Schlückchen nehmen."
„Aber nur eins." Frau Knösel nahm einen winzigen Schluck. „Bitter!" Sie zog ein Taschentuch aus dem Ärmel und wischte sich die Augen.
„Was ist los?", fragte Herr Kuckuck.

„Ich muss weinen", schluchzte Frau Knösel. „Beim kleinsten Schluck Likör werde ich traurig." Das Krokodil runzelte die Stirn. „Fatal, fatal", murmelte es, „beide haben dasselbe getrunken. Eine wird traurig. Einer wird lustig."
„Trinkt Herr Kuckuck Likör", erklärte der kleine Koch, „ist er nicht mehr Herr Kuckuck, sondern Herr Kuckuck plus Likör."
„Und ich?", weinte Frau Knösel.
„Frau Knösel plus Likör. Also nicht mehr Frau Knösel", sagte Anton.
„Ich plus Likör", jammerte Frau Knösel, „nicht mehr Frau Knösel!"
Das Krokodil roch an dem Fläschchen und soff den Likör aus.
Es wackelte mit dem Schwanz, rollte die Augen und knurrte Herrn Kuckuck an: „Ich sehe eine Blutwurst!"
„Krokodil plus Likör", flüsterte Herr Kuckuck erschrocken, „gefährliche Mischung!" Das Krokodil lief blau an, machte einen gewaltigen Sprung und plumpste ins Wasser.
Als sich das Wasser beruhigt hatte, sagte Dörte: „Krokodil plus Likör ist gleich Sofakisseninsel minus Krokodil!"

Der 12. Tag

„Wer bekommt Rollmops?“, fragten die fünf Kellnerpinguine.
„Ich habe keinen bestellt“, sagte Frau Knösel.
„Ich hätte gern Kaiserschmarren“, sagte Herr Kuckuck, „bitte ohne Kaiser.“
„Nudelsuppe, Rollmops, Russischbrot, Harzer Käse und Fünfminutentopf“, schnatterten die fünf Pinguine, „etwas anderes haben wir nicht!“
„Aha!“, sagte Herr Kuckuck.
„Soll Aha bedeuten, dass Sie das alles nicht bestellt haben?“, fragte der Nudelsuppenpinguin.
„Er sagt gern Aha“, erklärte Frau Knösel, „es hat nichts zu bedeuten.“

Die fünf Pinguine stellten Nudelsuppe, Rollmops, Russischbrot, Harzer Käse und Fünfminutentopf ab und sprangen ins Meer. Der kleine Koch schnupperte an den Speisen.
„Riecht alles muffig. Bestimmt Trockenfutter."
Der Rollmops quakte: „Abschneiden, weggehen!"
„Ich spinne!", lachte Anton erschrocken. „Der Rollmops spricht!"
Das Russischbrot kneckerte: „Nase, Nase!"
Der Harzer Käse muffelte: „Akku, Akku!"
Der Fünfminutentopf riss die Klappe auf: „Irma mit der Ruhe!"
„Sehr kurzweilig", sagte Herr Kuckuck und beglotzte die Nudelsuppe.
„Warum sagt sie nichts?", fragte Frau Knösel.

Die Nudelsuppe blubberte:

Hutschnur, Senkel!

„Schöner Hut“, sagte die grüne Anna zum blauen Paul.
„Mir gefällt er auch“, antwortete der blaue Paul.
„Leider fehlt eine Hutschnur!“, sagte die grüne Anna.
„Was soll eine Hutschnur?“, fragte der blaue Paul.
„Bei Sturm den Hut festhalten!“, erklärte die grüne Anna.
„Du meinst, mein Hut könnte wegfliegen?“, fragte der blaue Paul.

„Das meine ich!", sagte die grüne Anna.
„Ist mir noch nie passiert", sagte der blaue Paul.
„Einmal ist immer das erste Mal!", sagte die grüne Anna. „Ich hätte eine schöne Hutschnur. Was gibst du mir dafür?"
Der blaue Paul überlegte. „Ich habe nichts!"
„Du kannst den Hut eintauschen", sagte die grüne Anna.
„Tauschen wir", sagte der blaue Paul, „und was machst du, wenn Sturm kommt?"
„Wenn Sturm kommt, halte ich den Hut mit der Hand fest", lachte die grüne Anna und lief davon.

Am nächsten Tag
traf die grüne Anna
den blauen Paul wieder.
„Turbogeile Schuhe!“,
sagte die grüne Anna.
„Mir gefallen sie auch!“,
lachte der blaue Paul.
„Leider sind die Schnürsenkel
rot“, sagte die grüne Anna.
„Wieso leider?“,
fragte der blaue Paul.
Die grüne Anna lachte.
„Es sind Idiotenschnürsenkel!
Du brauchst andere!“
„Aha, andere“,
sagte der blaue Paul.

Die grüne Anna
zeigte dem blauen Paul
einen anderen Schnürsenkel.
„Was bekomme ich dafür?“
Der blaue Paul überlegte:
„Ich kann eine Hutschnur abgeben.“
„Du gibst mir die Schuhe“, sagte die
grüne Anna, „und der
Schnürsenkel gehört dir!“
„Weißt du was“, sagte
der blaue Paul, „ich
bleibe lieber ein Idiot.“

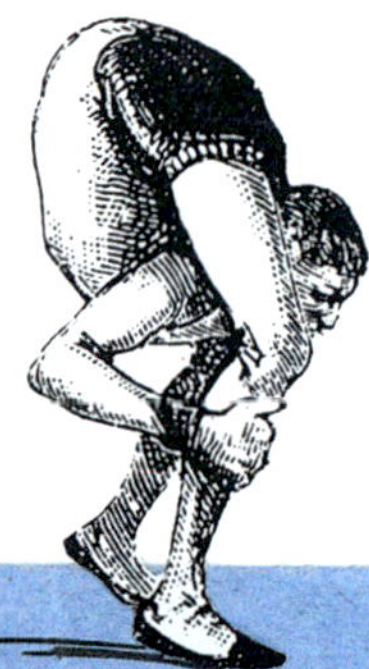

Das Russischbrot kneckerte: *Nase, Nase!*

Iwan Pawlowitsch betrat die Apotheke und sagte: „Guten Tag! Wie Sie sehen, habe ich eine außerordentlich schöne Frisur."
„Ich sehe es", sagte der Apotheker.
„Außerdem habe ich eine außerordentlich schöne Nase."
„Das sehe ich nicht", sagte der Apotheker.
„Das ist das Problem", sagte Iwan Pawlowitsch.

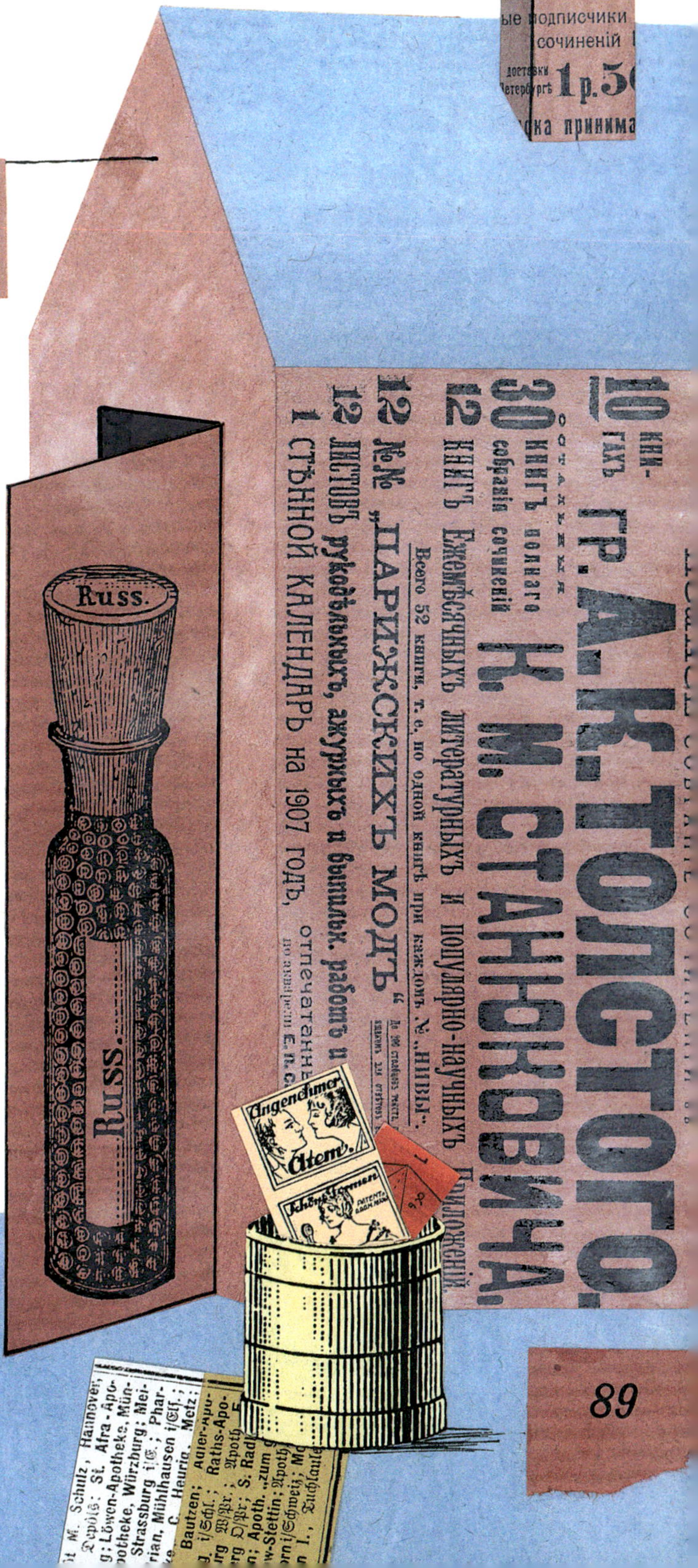

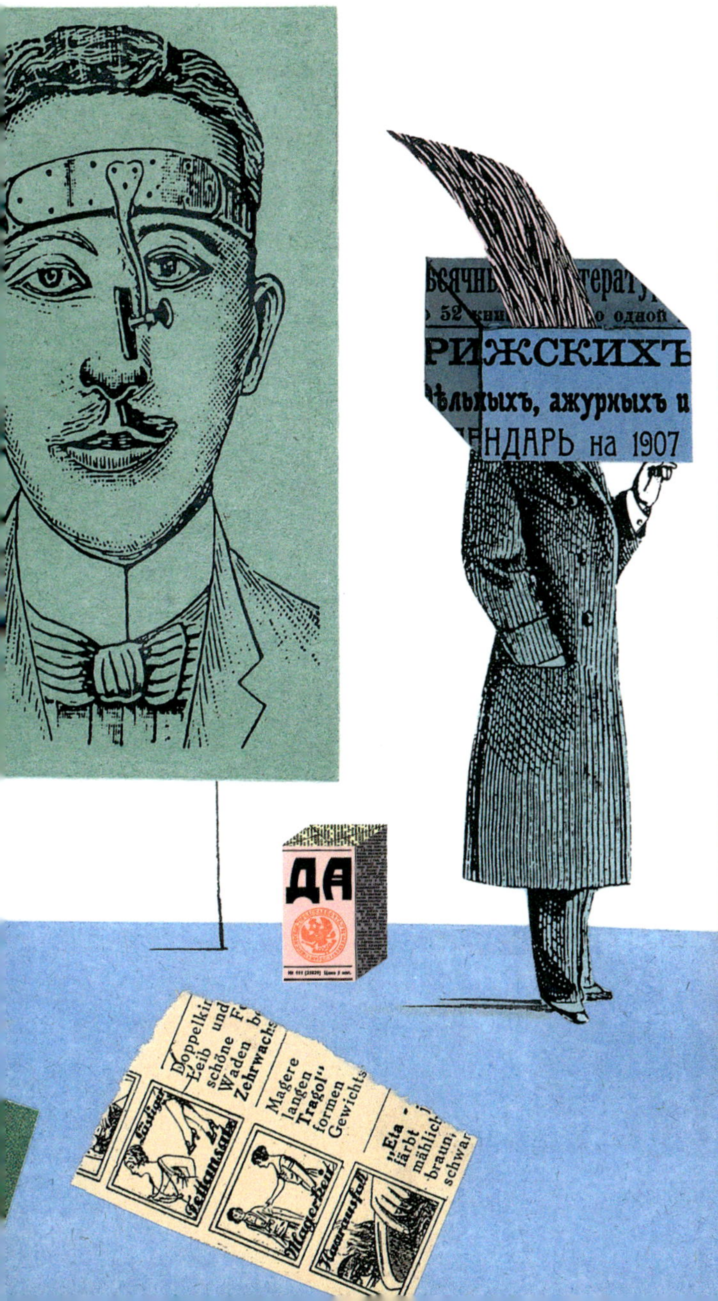

„Ich muss meine außerordentlich schöne Nase abdecken“, sprach Iwan Pawlowitsch weiter, „sonst sieht niemand, was für eine außerordentlich schöne Frisur ich habe. Verstehen Sie?“

Der Apotheker sagte: „Verstehe. Warten Sie, ich suche ein Mittelchen.“
Er holte eine Schere und schnitt Iwan Pawlowitsch die außerordentlich schöne Frisur ab.
„Was tun Sie?“, jaulte Iwan Pawlowitsch.
„Sie sollten froh sein“, sagte der Apotheker, „Sie haben eine außerordentlich schöne Nase.“

Wenig später betrat Pawel Iwanowitsch, der Mann mit der außerordentlich hässlichen Nase, die Apotheke. „Guten Tag! Sie müssen mir helfen. Ich muss meine außerordentlich hässliche Nase abdecken, sonst sieht man nicht, wie außerordentlich schön meine Frisur ist."

„Heute ist Nasentag", dachte der Apotheker und sagte: „Warten Sie! Ich habe da etwas." Er holte die Schere und schnitt Pawel Iwanowitsch die außerordentlich schöne Frisur ab.
„Was tun Sie?", heulte Pawel Iwanowitsch.
„Sie sollten froh sein", sagte der Apotheker, „im letzten Augenblick habe ich es mir anders überlegt."

Der Rollmops quakte: *Abschneiden, weggehen!*

„Frau Rollmops hat eine Elefantenorgel“, sagte Frau Fischer, „ich will auch eine.“ Herr Fischer kaufte eine Elefantenorgel. Frau Fischer glotzte durch das Schlüsselloch. „Die Rollmops hat eine Kleiderpuppe!“ Herr Fischer kaufte eine Kleiderpuppe.
Frau Fischer rief: „Die Rollmops hat einen Freund.“
„Ich bin dein Freund“, sagte Herr Fischer.
Frau Fischer weinte. „Ich will so einen wie die Rollmops!“ Herr Fischer blickte durchs Schlüsselloch und sah einen winzigen Kerl. „Ich werde mir die Beine abschneiden“, murmelte Herr Fischer und suchte ein scharfes Messer.
„Ich will einen Freund mit Beinen!“, sagte Frau Fischer.

Herr Fischer ging zu Frau Rollmops.
„Können Sie mir den kleinen Freund leihen?"
„Ich schenke ihn dir", antwortete Frau Rollmops
und schob den kleinen Freund aus der Tür.
„Hier", sagte Herr Fischer, „der kleine Freund."
Frau Fischer sah durchs Schlüsselloch.
„Die Rollmops hat keinen. Ich will auch keinen!"
„Tja", sagte Herr Fischer zum kleinen Freund.
„Frau Rollmops will dich nicht. Frau Fischer will
dich nicht. Was wird aus dir?"
„Keine Sorge", sagte der kleine Freund,
„ich finde mein Glück woanders."
Frau Fischer sah durchs Schlüsselloch.
„Die Rollmops hat keinen Mann!"
Herr Fischer nahm seine Mütze und
verließ das Haus.

Der Harzer Käse muffelte:

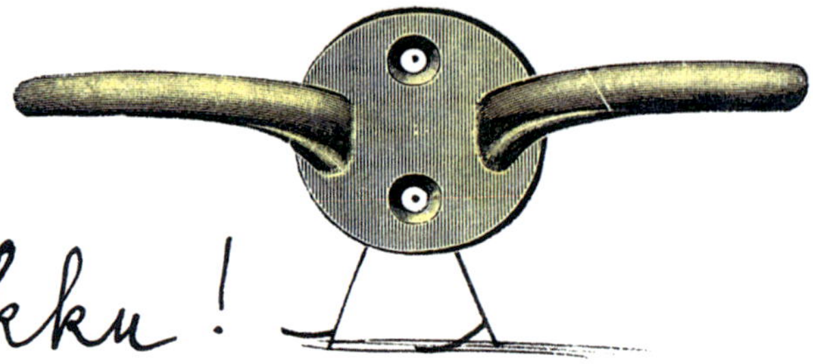

Akku, Akku!

„Wohlan zum Kampfe!“, brüllte der Ritter und schepperte durch den Wald. „Die KC trinkt T“, piepte der Roboter. Der Ritter fuchtelte mit dem Schwert und schrie: „So will es der Brauch!“

Der Roboter schnarrte: „8ung, mein C tut sR W!“
Der Ritter schnaubte:„Jeden ereilt sein gerechtes Schicksal!“

„Die Q Ht den ZL GfrSN!“, ratterte der Roboter.
Der Ritter hob das Schwert, um den Roboter in Stücke zu hauen.
„Haltet ein!“, rief die Kuh. „Ich habe den Zettel nicht gefressen.“
„Bin ich im Tollhaus?“, brüllte der Ritter.

„Die NT Ht Dn ZL GfrSN!“, pfiff der Roboter.

„Auch nicht die Ente!“, sagte die Ente.

„Was ist dein Begehr?“, fragte der Ritter und ließ das Schwert sinken.

Die Kuh zeigte dem Ritter ein Schild.

„Hier, die Gebrauchsanweisung sagt, wie der Akku aufgeladen wird.
Wenn der Akku leer ist, kann der Roboter nicht kämpfen.“
Der Ritter besah das Schild. „Tut mir Leid. Vielleicht ein anderes Mal.“
Mit schweren Schritten stolperte er aus dem Wald.
Von Ferne hörte man ihn noch scheppern. „Akku, Akku!“
Der Roboter klapperte: „Die Q Ht den AQ GfrSN!“

Der Fünfminutentopf sumpfte: *Irma mit der Ruhe!*

„Hallo Karl Acho!", rief Irma mit der Ruhe. „Lust auf ein Schwätzchen? Ich lade dich zum Eisessen ein!" Karl Acho dankte: „Keine Zeit."
Irma mit der Ruhe lachte: „Keine Zeit zum Eisessen?"
Karl Acho zückte den Taschenrechner. „Ich spare. Jeden Tag. Frühstück im Bus: 20 Minuten gespart. Mittags Fünfminutentopf: 60 Minuten. Keine Zeitung: spart 60 Minuten. Beim Bäcker vordrängeln: haargenau 20 Minuten. Keine Briefe: spart 40 Minuten. Kein Telefon: 40 Minuten. Abends früh zu Bett: 90 Minuten gespart."
Karl Acho tippte auf dem Taschenrechner herum. „Insgesamt spare ich ganze 330 Minuten", sagte er und zeigte triumphierend auf das Ergebnis. „Täglich sind das fünfeinhalb Stunden! Ist das nicht beachtlich?"

„Beachtlich!“, sagte Irma mit der Ruhe. „Ich spare nicht. Ich habe Zeit genug. Ich frühstücke gemütlich.“ Karl Acho rief: „Wie lange?“
„Was weiß ich“, antwortete Irma mit der Ruhe, „gemütlich eben!“
„40 Minuten?“, fragte Karl Acho. „Kann sein!“, lachte Irma mit der Ruhe. „Nach dem Frühstück sehe ich nach den Wolken.“ „30 Minuten?“, fragte Karl Acho. „Schon möglich. Dann rufe ich Horst und Roswitha an.“ „60?“ „Wahrscheinlich. Dann ein bisschen Pinkepanke.“ „50!“, rief Karl Acho. „Ja, etwa! Dann Dilpdalp mit dem Hund.“ „60!“ Karl Acho machte kleine Sprünge. „Zu Mittag Zipfelzopf im Dipfeltopf.“ „30!“, brüllte Karl Acho. „Danach Biribinki mit Stäbchen.“ „90!“ „Und am Abend Munkepunke mit Musik!“ „120!“ Karl Acho tippte Irmas Zahlen in den Taschenrechner. „Insgesamt 480 Minuten!“, rief er. „Das sind 8 Stunden! Die schöne Zeit! Was könnte man damit alles machen?“ „Ich weiß es nicht“, sagte Irma mit der Ruhe.

PUDDINGPINGUIN!
Wir danken
Mit. 18/1016
VV Spremberg Ag 310/84/DDR/3295 I/21/3

Der Nudelsuppenpinguin zog einen Servierwagen an den Strand
und sammelte umständlich die Speisen ein.
„Sie haben nichts gegessen. Gibt es etwas auszusetzen?"
„Wir haben Moosröschenpudding vermisst", sagte Frau Knösel.
Der Nudelsuppenpinguin sah Frau Knösel an, kratzte sich und schnatterte:
„Ich bin Suppenpinguin. Beschweren Sie sich beim Puddingpinguin."
Eilig schob er den Servierwagen zurück ins Meer.

Der 13. und letzte Tag

Frau Knösel hielt den Kopf schief. „Hören Sie das auch?“, fragte sie.
„Meinen Sie dieses Taktak?“, fragte Herr Kuckuck.
„Ich rede von diesem Bombom“, antwortete Frau Knösel.
Ein schwarzweißer Trommler schlich auf die sonderbare Expedition zu.
„Guten Tag. Haben Sie einen Jungen mit Fernglas gesehen?“, fragte Dörte.
Der schwarzweiße Trommler gähnte, zeigte auf die Trommel und flüsterte schwach: „Ich bin müde.“
„Sie müssen nur Ja oder Nein sagen!“, sagte Dörte.
Der schwarzweiße Trommler schloss die Augen und stöhnte: „Kein Ja, kein Nein.“ Er hielt die Trommelstöcke in die Luft. Die Trommel schwieg.
Der Himmel verfinsterte sich. Die Insel zitterte. Blitze zuckten. Ein unheimlicher Donner grollte. Die Wellen erhoben sich bedrohlich. „Trommeln!“, schrie Dörte. „Trommeln Sie!“ Der schwarzweiße Trommler trommelte.
Das Beben hörte auf, der Boden zitterte nicht mehr und die Wellen wurden wieder harmlos und flach.

FULL WEIGHT PURE
DR. PRICE'S CREAM BAKING POWDER
Trommeln!

Der schwarzweiße Trommler seufzte: „Der Bart war so lang. Beim Fortgehen stolperte der alte Trommler darüber.“
„Der alte Trommler?“, fragte Dörte. „Ab und an kommt hier eine Flaschenpost vorbei. Womöglich ist es seine Art Postkarten zu schicken.“
Der schwarzweiße Trommler lachte bitter. „Vielleicht hat ihn aber auch die Unaussprechliche gefressen.“
„Die Unaussprechliche?“ Herr Kuckuck war erschrocken.

Der Trommler sah ihn mit stechenden Augen an. „Was meinen Sie, warum ich hier trommle!“ Das Fahrrad klingelte aufgeregt: „Die Unaussprechliche! So heißt die Stadt Monte Carlo unter Kennern.“ „Monte Carlo hat den langbärtigen Trommler gefressen!“, rief Frau Knösel. „Ach, das ist so eine scherzhafte Redewendung“, erklärte das Fahrrad heiter. „Monte Carlo ist ein Rentnerparadies! Der langbärtige Trommler ist jetzt dort und kann seine alten Tage genießen.“

Der schwarzweiße Trommler betrachtete die Expeditionsteilnehmer eingehend. Sein Blick blieb auf dem kleinen Koch haften.
„Ich warte auf Ablösung."
Der kleine Koch zeigte auf seine Mütze. „Ich bin Spezialist für Essen und Trinken! Vom Trommeln habe ich keine Ahnung."
Der schwarzweiße Trommler sah Herrn Kuckuck scharf an.
Der hüstelte nervös: „Ich bin Seetulpenspezialist!"
„Ich bin ein Moosröschen!", rief Frau Knösel und zitterte unmerklich.
Dörte lachte. „Ich kann es! Geben Sie her!"
Der schwarzweiße Trommler sah Dörte ungläubig an.
„Wenn sie müde wird", bemerkte Anton, „mache ich weiter!"

Dörte schnallte die Trommel um, nahm die Trommelstöcke und trommelte.
„Taktak! Bombom!“ „Es ist schön!“, lachte sie.
„Taktak! Bombom! Taktak!“

Der schwarzweiße Trommler sah ihr aufmerksam zu.
„Nicht so hastig!“, sagte er. „Immer die Kräfte einteilen.
Sie haben alle Zeit der Welt. Ich gehe schlafen.“
Dann verließ er mit hängenden Armen den Strand.

Nach zwei Stunden ließ Dörte die Trommelstöcke ruhen.
„Was tust du?“, rief Anton.
„Mir tun die Arme weh.“ Dörte lauschte angespannt. Es war sehr still. Sie schnallte die Trommel ab und legte sie behutsam zu den Trommelstöcken auf den Boden. „Jetzt müsste es beben und stürmen. Ich glaube die Geschichte vom Trommler nicht.“
Herr Kuckuck meldete sich zu Wort: „Ich werde die Seetulpen fragen. Die wissen vielleicht, was diese Stille zu bedeuten hat.“

„Sie wollen im Ernst die Seetulpen fragen?", rief Frau Knösel spöttisch.
„Die erklären doch nie etwas! Fragen Sie besser gleich die Moosröschen!"
„Bei allem Respekt! Ihr Vorschlag ist unaussprechlich!", sagte Herr Kuckuck wütend, bevor er sich auf den Weg machte.
Anton hob die Trommel auf und flüsterte: „So still war es noch nie."
„Entweder ist es hier still oder es kracht", stellte Frau Knösel fest.
„Mir fehlt die Mittellage. Etwas Lärm und etwas Stille, gut gemischt."
Herr Kuckuck war keine zwei Minuten verschwunden, da begann die Insel zu schwanken. Anton nickte und begann zu trommeln.
„Krach und Stille. Gut gemischt."

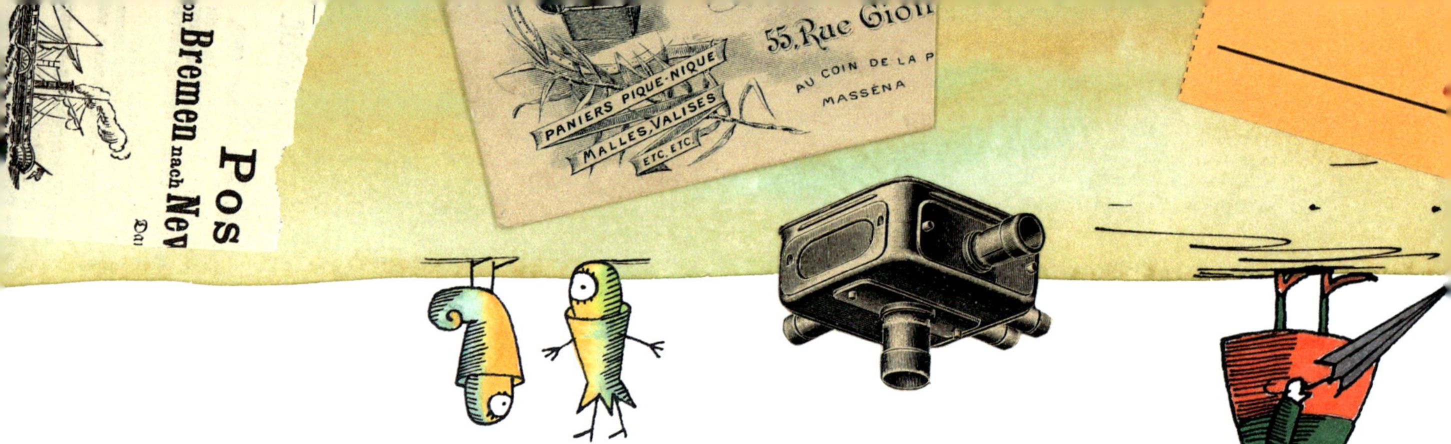

Aus dem Wasser stieg ein Mann mit Schwimmflügeln.
Er hüpfte herum, schüttelte den Kopf und brüllte: „Ich habe Wasser im Ohr!"
Frau Knösel rief: „Junger Mann, Hüpfen ist zwecklos. Für Sie wäre ein Kopfstand hilfreich."
Der Schwimmflügelmann machte einen Kopfstand und fragte: „Wo bin ich?"
„Wahrscheinlich auf der gleichen Insel wie wir", sagte der kleine Koch.
Der Schwimmflügelmann schnaufte wütend. „Keine Witze!"
„Er meint, wenn Sie Kopf stehen, ist Ihre Insel eine andere als unsere Insel", erklärte Dörte.
Der Schwimmflügelmann zappelte mit den Beinen. „Ich will eine klare Antwort!"
„Nicht aufregen, sonst kommt Wasser ins Gehirn", sagte Frau Knösel.
„Dies ist die Sofakisseninsel. Hier wachsen Seetulpen und Moosrosen."
„Sofakissen, Seetulpen, Moosrosen", sagte der Schwimmflügelmann, „und wer seid ihr?"
„Schiffbrüchige, wie Sie", sagte Anton und trommelte sacht.
„Ich bin nicht schiffbrüchig!" Der Schwimmflügelmann stellte sich wieder auf die Beine. „Mich hat ein ärgerlicher Wind abgetrieben." Er sah sich die Gesellschaft genauer an.
„Und", klingelte das Fahrrad, „was macht das Ohr?"
Der Schwimmflügelmann packte das Fahrrad und rief: „Ein quatschendes Fahrrad! Ich habe Wasser im Kopf!" Das Fahrrad bat: „Nicht so fest! Sie verbiegen meinen Lenker!" Der Schwimmflügelmann lachte grob: „Hat keine Luftpumpe und quasselt!" Das Fahrrad wurde rot. „Die Luftpumpe bekomme ich in Monte Carlo."

362
Stange, Berlin 61
Nice
010524
Was macht das Ohr?

Der Schwimmflügelmann ließ das Fahrrad los. „Monte Carlo, sagst du?"
„Sie kennen Monte Carlo?", rief das Fahrrad bebend.
Der Schwimmflügelmann zupfte seine Schwimmflügel zurecht und sagte sehr ernst: „Monte Carlo gibt es nicht mehr!"
„Er hat Wasser im Kopf", sagte Anton leise zu Dörte.
„Wie können Sie so etwas sagen?", rief das Fahrrad erschrocken. „Monte Carlo wird es immer und ewig geben!"
„Glaub es mir", sagte der Schwimmflügelmann lachend, „hat im Mai zugemacht. Na egal. Seitdem gehe ich zum Frühschoppen ins Paradiso. Da ist das Bier auch ganz nett."
Der Schwimmflügelmann griff die Trommelstöcke. „Ich will auch mal!"
„Bevor Sie anfangen, sollten Sie wissen, was es mit der Trommel für eine Bewandtnis hat", sagte Anton.
„Wo die Fahrräder quasseln", brüllte der Schwimmflügelmann, „haben die Trommeln natürlich eine Bewandtnis!"

Er riss die Trommel an sich und drosch auf sie ein.
„Nicht so hart zuschlagen!", rief Anton. „Sie müssen Ihre Kräfte einteilen!"
Der Schwimmflügelmann schnauzte: „Hart zuschlagen!"
Er drosch derart auf die Trommel ein, dass die Trommelstöcke brachen.
Der Schwimmflügelmann grinste: „Pfusch!"
Er warf die Trommel und die Stöcke ins Wasser und sprang ins Meer.
„Jetzt müsste eine Welle kommen!", sagte Dörte. Die Gesellschaft wartete stumm. „Keine Welle, kein Holger", seufzte Anton.
Herr Kuckuck kam keuchend angelaufen. „Der Riesenkopf ist wieder aufgetaucht! Er hat mit den Augen gerollt und die Zunge gezeigt."
Der kleine Koch angelte die verbeulte Trommel aus dem Wasser.
„Seltsame Zeichen", flüsterte er, „seht ihr den Nebel?"
Dörte sah angestrengt aufs Wasser. „Rauch!", rief sie aufgeregt.
„Das Meer qualmt!"

Allmählich wuchs ein Schornstein aus dem Wasser. Bald zeigte sich, dass an dem Schornstein eine Lokomotive hing. Aus dem Fenster des Führerhäuschens winkte der Matrose und rief: „Charlotte ahoi!" „Matrose ahoi!", pfiff die Lokomotive und rollte an den Strand.

Der Matrose sprang ab, lief mit ausgebreiteten Armen um die Lokomotive herum und rief: „Ist sie nicht prachtvoll?“
„Prachtvoll“, pfiff die Lokomotive.
„Sie heißt Charlotte und ist weitgereist!“
„Weitgereist“, trötete Charlotte.
„Erst dachte ich, es wäre ein U-Boot!“, sagte Dörte blass.
Der Matrose tätschelte den Frontpuffer von Charlotte und zwinkerte ihr zu. „Ein U-Boot ist sie auch!“
„U-Boot auch“, spektakelte Charlotte und zwinkerte eisern zurück.

Das Fahrrad klingelte leise.

„Kennen Sie Monte Carlo?“

Aber Charlotte hörte es nicht. Sie ließ Dampf ab und machte dabei einen Höllenlärm.

„Matrose!“, rief Dörte. „Hast du Holger gesehen?“

„Der wird gleich hier sein“, schrie der Matrose, „er sucht Holz für Charlotte.“

„Hat er das Geheimnis der Insel herausgefunden?“, fragte Anton.

„Es gibt kein Geheimnis“, sagte der Matrose und klopfte mit einem Hämmerchen an Charlottes Rädern herum.

Herr Kuckuck tippte mit dem Stöckchen an die Lokomotive.

„Wie kommen Sie, wenn ich fragen darf, hierher?“

„Am Mittwoch“, schnaufte Charlotte, „war die Brücke weg.“
„Aha“, sagte Herr Kuckuck und wackelte ungläubig mit dem Kopf.
„Sie fiel in den Fluss“, brummte der Matrose und kramte eine Ölkanne aus der Werkzeugkiste. „So einfach ist das.“
„Ach, so einfach ist das“, sagte Frau Knösel.

Holger schleppte ein riesiges Bündel herbei. „Hallo“, sagte er, „schön, dass ihr da seid.“

„Wir haben dich eine Woche lang gesucht!“, rief Anton.

„Aber nicht gefunden!“, sagte Holger, nahm eine Axt und hackte Holz, Papier und Pappe in kleine Stücke.

„Die Insel freut sich“, sagte er, „heute ist Schluss, hat sie gesagt. Am Abend sollten wir weg sein. Dann will sie in die Tiefe. Sie hat das Obenpaddeln satt.“

„Die Insel kann sprechen?“, fragte Dörte.

Holger nickte und warf das Kleingehackte in Charlottes Feuerluke.

„Matrose, wie steht's?“

„Wenn der Kessel summt, sind wir pünktlich weg“, antwortete der Matrose und machte ein wichtiges Gesicht.
Frau Knösel öffnete aufgeregt ihren Schirm. „Wenn ich das richtig verstanden habe, werden die Moosröschen und Seetulpen untergehen!“
„Den Seetulpen macht das Leben unter Wasser nichts aus“, erklärte Herr Kuckuck, „und soviel ich weiß, haben es Moosröschen gerne feucht.“
„Ich bin nicht so sicher“, sagte Frau Knösel und betrachtete sorgenvoll den Boden.

„Der Kessel brummt!“, rumorte Charlotte. „Kapitän, das Reiseziel?“ „Monte Carlo!“, klingelte das Fahrrad. Der Matrose kletterte auf der Lokomotive herum und rief: „Alle Mann an Bord! Der Kessel brummt! An die Ruder!“ „An die Ruder!“, tutete Charlotte.

Dörte, Herr Kuckuck, Frau Knösel und der kleine Koch kletterten in das Lokomotivhäuschen. „Alle an Deck?", brüllte der Matrose. „Der Kessel brummt!"
Anton hob das Fahrrad nach oben und sagte: „Da ruft jemand."
Es war der schwarzweiße Trommler. Er schrie: „Nehmt mich mit!"
„Einsteigen", rief Dörte, „schnell!"
Der Matrose lief noch einmal um die Lokomotive herum. Dann rief er: „Anker lichten! Alle Maschinen volle Kraft voraus!"

Charlotte brüllte: „Volle Kraft!" Ihre Räder begannen sich zu drehen. Erst sehr langsam. Dann schneller und schneller. Die Lokomotive raste den Strand entlang. Sie klappte die Hitzebleche seitwärts aus und erhob sich samt Reisegruppe in die Luft.

„Wir fliegen!", rief Herr Kuckuck erschrocken.

„Wie es sich gehört", lachte der Matrose.

„Wir fliegen nach Monte Carlo!", rief das Fahrrad fröhlich.

Aber da waren sie schon über den Wolken.

WILHELM II KOENIG VON WUERTTEMBERG
121

Inhaltsverzeichnis

Auf der Sofakisseninsel

Text und Illustrationen: Franz Zauleck

1. Auflage A 1 5 4 3 2 1 | 2007 2006 2005 2004 2003

Alle Drucke dieser Auflage können im Unterricht nebeneinander benutzt werden, sie sind untereinander unverändert.
Ernst Klett Schulbuchverlag Leipzig GmbH, Leipzig 2003

Internetadresse: http://www.klett-verlag.de

Redaktion: Katja Eder, Berlin; Gabriele Pleßke, Leipzig
Gesamtgestaltung: Franz Zauleck, Berlin
Herstellung: Torsten Lemme, Berlin
Reproduktionen: Druckhaus Berlin-Mitte
Druck: Aprinta, Wemding

ISBN 3-12-693120-0

9 783126 931205

AHOI!
The Crown
117, New Bond

Milch-Strasse
Solstitial-Kolur
Schlange
Hercules
Adler
Leier
Wega
Unuk
Gemma
Krone
Bootes.
Arctur

3.

4.

Am dritten Tag erreichten sie den Fluss.

Am vierten Tag sahen sie das Meer.

Bach hinab.

eucht wurde.

„Entweder das Boot ist undicht oder eine Wolke hat unbemerkt einen kleinen Regen fallen lassen“, sagte der Matrose.

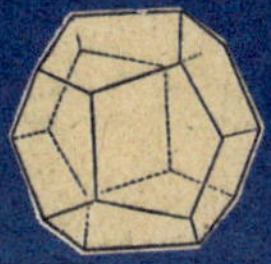

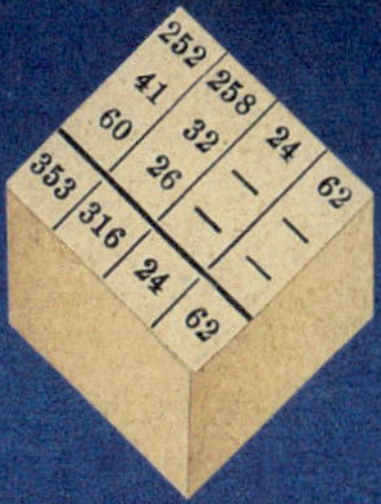

6.

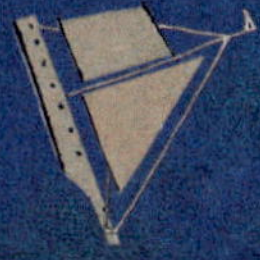

Franz Zauleck
Auf der Sofakisseninsel

LAND!